마종기 시전집

마종기 시전집

초판 1쇄 발행 1999년 1월 17일
초판 10쇄 발행 2025년 5월 27일

지은이 마종기
펴낸이 이광호
펴낸곳 ㈜문학과지성사
등록번호 제1993-000098호
주소 04034 서울 마포구 잔다리로7길 18(서교동 377-20)
전화 02)338-7224
팩스 02)323-4180(편집) 02)338-7221(영업)
전자우편 moonji@moonji.com
홈페이지 www.moonji.com

ⓒ 마종기, 1999. Printed in Seoul, Korea

ISBN 89-320-1055-2

이 책의 판권은 지은이와 ㈜문학과지성사에 있습니다.
양측의 서면 동의 없는 무단 전재 및 복제를 금합니다.

마종기 시 전집

문학과지성사
1999

책머리에

　이 시집은 가장 시인답지 못하게 살아온, 그래서 시 앞에서는 항상 주눅들고 부끄러워지는 사람이 쓴 시들을 모은 것이다. 그러나 30년 이상의 오랜 세월을, 시인에게는 피와 살과 같은 모국어권을 떠나, 또 의사라는 조금은 엉뚱한 직업인으로 살면서, 자식들조차 읽지 못하는 시를 몸에 동여매고 살아온 것을 생각하면 기특하다는 생각이 들기도 한다.
　나는 보이게 안 보이게 상처받거나 주위가 낯설 때 시를 써보겠다고 조용한 구석을 찾았다. 그때마다 안간힘 쓰며 씌어진 시는 내게 따뜻한 위로와 힘을 주었다. 그래서 누가 내 시를 읽으면서 작은 위로를 빌 수 있다면 나는 더없이 행복할 것이다. 세상에 비슷한 누군가가 있어 서로를 위로할 수 있다면 그보다 값진 일이 또 어디 있겠는가.
　이 시들은 모두 고국에서 수십 년에 걸쳐 발표된 것들이고 뒤의 십여 편을 빼면 몇 권의 내 시집에 들어 있던 것을 거의 씌어진 순서대로 묶은 것이다.
　내 환갑을 기념해준다며 좋은 책을 만들어준 문학과지성사와 김병익 사장에게 진심으로 감사의 인사를 전한다.

미국 오하이오 주에서
마　종　기

차 례

책머리에 / v

조용한 개선
나도 꽃으로 서서 / 23
돌 / 25
해부학 교실 1 / 27
해부학 교실 2 / 28
은 하 / 30
기억의 하늘 / 31
조용한 기도 / 32
저녁 들길에서 / 34
가야금 / 35
눈의 소나타 / 36
내 아버지는 / 37
가을 노래 / 39
다도해 인상 / 41
정신과 병동 / 43
초겨울 주변 / 45
겨울에 그린 그림 / 46
바 다 / 48
연가 4 / 50

연가 5 / 51
연가 6 / 52
연가 8 / 53
세 개의 인상 / 54
다섯 개의 변주 / 58
임　종 / 63
비망록 1 / 64
비망록 2 / 66
제3강의실 / 68

평균율
겨울 이야기 1 / 75
비망록 3 / 76
시인의 방 / 77
연가 9 / 78
연가 10 / 80
연가 11 / 82
연가 13 / 85
연가 14 / 86
독　방 / 88
이상한 고별사 / 90

태평양 / 92
6월의 형식 / 93
루오의 원화 / 95
통계학 / 96
의사 수업 / 97
어느 도시에서 / 98
대　답 / 99
무용 1 / 100
證例 1 / 101
證例 2 / 102
證例 3 / 103
꽃잎을 여는 시간에는 / 105

카리브해에 있는 한국
후　문 / 109
證例 4 / 110
證例 5 / 112
證例 6 / 114
토요일 밤 / 115
전　축 / 116
인　사 / 117

편지 2 / 119
편지 3 / 121
설　경 / 123
장난감 / 124
책　장 / 125
두 개의 일상 / 126
무용 2 / 128
겨울 이야기 3 / 130
겨울 이야기 4 / 131
풀　꽃 / 132
목욕탕에서 / 134
미스터 제임스 밀러에게 / 136
善終 이후 1 / 138
善終 이후 2 / 140
善終 이후 3 / 142
음악회 / 143
응　시 / 145
그리고 평화한 시대가 / 146

변경의 꽃
첼리스트 1 / 151

첼리스트 2 / 152
장님의 눈 / 153
아침 출근 / 154
정신과 병동 2 / 155
밤 운전 / 156
善終 이후 5 / 159
일시 귀국 / 160
미술관에서 / 162
무반주 소나타 1 / 163
무반주 소나타 2 / 164
불면의 시절 / 165
가을 敍景 / 166
내 심장에서 당신의 메아리까지 / 167
불지 않는 바람 / 168
전　화 / 172
비밀 1 / 173
비밀 2 / 174
비밀 3 / 175
1975년 2월 / 176
겨울 망중한 / 178
구름을 네게 주면서 / 179

변경의 꽃 / 180
외지의 새 / 182
작곡가의 이상한 시도 / 184
유리의 도시 / 188
약　속 / 189
비 오는 날의 귀향 / 190
病後의 루마니아 / 191
오늘의 패자 / 193
꽃의 이유 / 194

안 보이는 사랑의 나라
그림 그리기 / 199
성년의 비밀 / 200
꽃의 이유 2 / 201
무용 5 / 202
바람의 말 / 204
겨울 약속 / 205
나비의 꿈 / 206
몇 개의 허영 / 208
개구리 / 210
빙하 시대의 불 / 212

새로운 소리를 찾아서 / 214
음악회 2 / 217
음악회 3 / 218
수요일의 시 / 219
즐겨 듣던 음악이 / 220
중산층 가정 / 221
善終 이후 4 / 222
유태인의 목관 악기 / 223
經學院 자리 / 224
낚시질 / 225
일상의 귀국 / 226
프라하의 생선국 / 229
안 보이는 사랑의 나라 / 230

모여서 사는 것이 어디 갈대들뿐이랴
그해의 시월 / 237
우리들의 배경 / 238
내가 만약 시인이 된다면 / 239
만선의 돌 / 240
풍경화 / 242
확 답 / 243

그림 그리기 2 / 244
피의 생리학 / 245
쥐에 대한 우화 / 246
일상의 외국 2 / 248
일상의 외국 3 / 249
폴란드 바웬사 아저씨 / 253
성벽을 뚫고 / 254
권총을 사들고 / 255
시인의 용도 1 / 256
시인의 용도 2 / 258
쓸쓸한 물 / 259
중년의 안개 / 260
그 여자의 음악 / 262
한　강 / 263
새 / 266
하느님 공부 / 267
善終 이후 6 / 269
아프리카의 갈대 / 270
죽은 나무를 노래함 / 271
水　葬 / 272
남미식 겨울 / 274

자유의 피 / 276
고아의 정의 / 278
외국어 詩 / 280
가을 水力學 / 281
亡者의 섬 / 282
강토의 바람 / 285
의사 호세 리잘의 증언 / 286
밤 노래 1 / 288
밤 노래 2 / 290
밤 노래 3 / 291
밤 노래 4 / 292
스페인의 비 / 293
그리운 무용 / 294
기 도 / 296
그 후의 강 / 297

그 나라 하늘빛
蘭 / 301
그림 그리기 4 / 302
꽃의 이유 / 304
일시 귀국 / 305

강원도의 돌 / 306
옷 벗는 나무 / 307
중앙 아프리카의 가을 / 308
아내의 잠 / 309
聖灰 수요일 / 310
스칸디나비아의 음악 / 312
며루치는 국물만 내고 끝장인가 / 313
우리나라의 등대 / 314
외로운 아들 / 315
바다의 얼굴 / 319
밤 노래 5 / 320
다시 만나기 / 322
충청도 구름 / 323
자유주의자 / 326
갈대의 피 / 327
새벽 산책 / 328
그림 그리기 5 / 329
중년의 질병 / 331
요즈음의 건강법 / 333
변　명 / 336
늦가을 바다 / 337

무너지는 새 / 338
밤의 사중주 / 340
산 안에 또 산이 / 342
비 오는 날 / 343
무용 8 / 344
겨울 기도 1 / 345
겨울 기도 2 / 346
떠다니는 노래 / 348
빈센트의 추억 / 349
물빛 1 / 355
물빛 2 / 356
여름 편지 / 358
우화의 강 1 / 360
우화의 강 2 / 361
밤 노래 6 / 363
항구에서 / 365
日記, 넋놓고 살기 / 366
아시시의 감나무 / 372
방 1 / 375
방 2 / 376
영희네 집 / 377

서울 가로수 / 379
다리 위의 풍경 / 382
북　해 / 386
그 나라 하늘빛 / 387

이슬의 눈
방문객 / 393
겨울 노래 / 394
담쟁이꽃 / 395
이슬의 눈 / 396
해변의 바람 / 398
물빛 6 / 401
그림 그리기 / 402
섬 / 403
하품은 전염된다 / 405
아침 면도를 하며 / 407
무서운 바람 / 409
임신한 모기만 사람의 피를 빤다 / 411
당신의 하느님 / 413
패터슨 시의 몰락 / 415
차고 뜨겁고 어두운 것 / 418

동생을 위한 弔詩 / 420
묘지에서 / 430
내 동생의 손 / 432
허술하고 짧은 탄식 / 433
새의 초상 / 436
길 / 437
과수원에서 / 439
아테네의 개 / 441
가을 산 / 442
혼　자 / 443
박　꽃 / 445
산행 1 / 446
산행 2 / 447
산행 3 / 448
게이의 남편 / 449
이 세상의 긴 강 / 450
눈 오는 날의 미사 / 453
자화상 / 454
휘닉스 파크로 가는 길 / 455
나무가 있는 풍경 / 457
폭　설 / 458

봄의 소리 / 459
알반 베르그의 열매 / 460
코스모스로 가는 길 / 461
갈   대 / 462
이오니아의 추억 / 463
별, 아직 끝나지 않은 기쁨 / 464
보이는 것을 바라는 것은 희망이 아니므로 / 466

1997년~1998년
외할머니 / 469
파   도 / 470
가을에 대한 의견 / 471
창경궁 편지 / 472
잡담 길들이기 1 / 474
잡담 길들이기 2 / 475
잡담 길들이기 3 / 476
그레고리안 성가 1 / 477
그레고리안 성가 2 / 478
그레고리안 성가 3 / 479
부활절 전후 / 480
메아리 / 481

나그네 / 482
첫날밤 / 483
들꽃의 묵시록 / 485
상　처 / 487
바다의 집 / 490

제목 색인 / 492

조용한 개선

1960년에 발간된 처녀 시집 『조용한 개선』과 1965년에 발간된 『두번째 겨울』의 시집에 있는 시들. 고등학교 때부터 의과대학 시절 그리고 군의관 시절 초반에 발표되었던 것들이다. 1996년에 문학동네에서 재출간되었다.

나도 꽃으로 서서

소담스런 꽃병에
나도 한 가지 꽃으로 서서

감빛의 꽃병
감빛의 연연한 노래 속에 서서 보면

우리는 지금도
끝없는 이주민이었구나.

얼마는 꿈속을, 구름 속을
얼마는 음악 속을,

그리하여 얼마는 적막 속을 헤매는
끝없는 이주민이었구나.

다정한 친구여, 보려무나.
살얼음 속에
떨고 섰는 비석,

그 비석 앞에서 나는
미진하고 사소한 생활을

고백해야겠다.

지금 모든 것은 나에게서 멀어져가고 있다.
웃으며 지나가는 세월 앞에서 꺼져가고 있다.

보려무나, 친구여,
비에 씻긴 하늘에서
노을은 피어나 우리를 놀래듯
그간에 나는 꽃으로 서서
보고만 있었구나.

나도 한 가지 꽃으로 서서
생각 없이 흔들려보면

우리는 지금도
끝없는 이주민이었구나.

돌

누이야, 혼자서 오래 앉아
빈 마음, 빈 생각의 즐거움을 아는가.

해는 종일토록 원두막 위에 누워
갓 자른 풀잎의 신랑이 되고

한여름 논가에 소나기 치듯
발랄히 내보이는
돌의 손짓이여.

누이야, 이 밤에는
혼자 있는 즐거움을 아는가.

밖으로는 비와 바람을 모는 어두움,
천둥의 고함에
젖은 여름은 찢어지고
땅 밑으로 땅 밑으로 숨어 흘러서
돌은 숨이 차다.

그 아침 자리에 새로 씻긴 것
의젓한 돌이여, 돌의 몸짓이여.

지나간 냇물가에
고이 낳은 풀잎.
누이야, 하루 사는 즐거움을 아는가.

해부학 교실 1

다시 사는 환희에 들떠
넘쳐나는 개선가.

여기는, 먼 먼 시대로부터 시작하여 눈먼 몇십 대의 할아버지 때부터 시작하여, 아직까지도 우리의 감격을 풀지 못하는 나약한 꽃밭.

여기는 또 조용한 갈림길, 우리는 깨끗이 직각으로 서로 꺾여져 가자. 다시 돌아다볼 비굴한 미련은 팽개쳐버리자.

갑자기 너는 무엇이 안타까워 눈물을 흘리는가? 우리 오래 부끄러워 눈길을 피하던, 영원한 향수가 젖어 있는 어머니의 젖가슴, 너는 다시 우리를 낳아준 본래 어머니의 몸으로 돌아가야 한다.

허면, 우리는 고운 매듭을 이어주는 숨소리를 음미할 때마다, 살아 있는 보람이 물결 일어 넘쳐나는 개선가를 불러준다.

여기는 먼 먼 시대로부터 시작하여 생명의 온기를 감사하는 서정의 꽃밭.

해부학 교실 2

참, 저애 좀 봐라.
꼬옥 눈감고 웃고 있는
흰 꽃으로 가슴 싼 저애 좀 봐라.

여기가 무덤이 아닐 바에야
우리는 소리 없이 울지도 못하는데

한세상 가자고 하다
끝내는 모두 지쳐버린 곳.

네 살결이 표백되어
천장의 흰 바탕 보아라.

너를 얼리던 소년은
하나씩 외로운 척 흩어져가고
수줍어 눈 못 뜨는 소녀야, 말해봐라.

전에는 종일 산을 싸돌고,
꽃 따먹고, 색깔 있는 침을 뱉어

저 냄새, 내리는 햇살 냄새에

너는 웃기만 했지.

우리는 두 손
숨을 멈춘다.

참, 저애 좀 봐라.
그래도 볼우물 웃고
우리들 차가운 손바닥 위에
헤어지는 아늑함을 가르쳐주는
저애, 꽃순 같은 마음 소리 들어보아라.

은 하

　수없는 빛들이 하나의 물결처럼 흔들려 의심하리만큼 희고 맑고 조용한 기적을 일으키고 아직도 황홀함을 모르는 게 그 표정을 다 스린다.

　그들은 얼마나 먼 거리에서 서서 서로를 부르고 있는 것일까. 그 어느 정점에서야 기쁨이나 슬픔이나 막막함의 언어를 소리쳐볼 것인가. 수백 세상을 다 통하여도 아직 모자라는 은하의 시야, 더욱 섬세한 시야.

　정지된 시간 속에서 생각과 말과 행동을 한꺼번에 씻어버린, 가장 희고 맑고 또 조용한 기적을 일으키는, 미더운 대지는 그 밤하늘에 끝없는 이야기를 전하면서 하나씩 흩어졌다. 그러나 하나 웃지 않는 정결한 은하여..

기억의 하늘

심원한 곳으로부터 나부끼는 소리는, 푸르고 큰 모습이 되어 내게 다가오고 있었다.

숱한 산새들 다 쌍지어 날리고 난 산은, 드디어 하늘에 닿아 사라지고, 우울을 애써 이겨낸 발걸음.

한때는 아쉬웁게 나를 목마르게 하던 것이, 이제는 부질없는 열병으로 진단되어 멀리 떠나고—

오늘도 모든 것 날려보내듯 바람이 소리내어 지나간다. 나의 사소한 니머지 기억도 언젠가 저 흰 꽃잎처럼 날아가리라.

충혈된 고통을 누르며 애써 울기를 참는 기억의 하늘, 내 분신이 되어 살아 있는 혼이여.

조용한 기도

1

우리의 얼굴을 꾸밈없이 내보일 때
그 끝에 보이는 황홀함과 따뜻함이여.

한 손에 해골을 들고
내 얼굴의 향긋한 내음을 맡는다.

막막함도 잊고 웃고 있는 어제,
웃고 있는 내 얼굴, 친구들 얼굴,
너무나도 섬세한 백토의 조각품.

근육을 한 개씩 분리할 때마다
어느 여름날 저녁의 바닷물 소리,
기억에 남아 있는 고운 목소리.

지금 소녀는 얼마나 시원할까,
흩어져 누워 있는 때문은 소녀의 옷을
나는 힘들여 찢고 있다.

2

나 지금 정들어 입고 있는 옷도
천천히 모르게 헌 옷이 되게 하소서.

때가 되면 주저없이 새 옷을 마련하고
가볍게 활개쳐 날게 하소서.

먼 거리를 나래치며 오르는
비상의 신비한 기쁨 누리게 하소서.

해부대 앞에서 눈감은 소녀같이
나를 부리소서, 시작하게 하소서.

저녁 들길에서

그 어느 곳에 먼 노을을
즐기지 않을 이 있으리.
그 어느 곳에 늦은 깨달음을
용서하지 않을 이 있으리.

수많은 방황 끝에 경건한 제사에 도착한
내 젊음의 약한 시선도 탓하지 않으리.

조용히 불 꺼져가는 저녁 무렵
누구도 이 말없는 애태움을
그리워하지 않을 이 있으리.

그리고 마침내 남은 육신이
밤에 멀리 혼자일 때
나는 나를 지켜준 모닥불의 온기를
이 들길에 고이 묻고 떠나리.

가야금

합풍류 떠나
혼자 추는 가야금,
산조가 운다.

누군들 안 기다릴까봐
비취빛 하늘에 두 손 씻고
열 손가락 밑에서
몸을 떤다.

여보, 여보시오,
낮은 대문 잠가주오.

남항의 한낮에
무릎 밖으로 세상은 열려
고개를 놓았다
햇살을 고르는 가야금.

산조가 운다.
늦은 오후의 침묵.

눈의 소나타

1

놀란 눈을 하고
귀기울이다가, 귀기울이다가

흰 눈밭에 새겨놓은
좁은 발 솜씨인가.

페달에 힘을 준 채
저음의 질긴 뿌리를 내리는가.

눈을 감았다가, 오래 감았다가
잃었던 먼 곳을 찾아가는 건가.

2

 조금씩 숨쉬어내는 하얀 공기로 깊은 눈을 뚫으리. 이제는 무엇들 하고 있을까. 얼마만큼 가다 보면 숨기다가 눈뜨는 꽃봉오리다. 두 눈이 열리고 길을 내는 소리다. 그 눈길 달려가는 노랫소리다. 노래가 춤추는 풍경, 눈 위를 뒹구는 시원한 몸이다.

내 아버지는

내 아버지는
아직 젊으시다.

추운 밤 길목에 서서
늦은 누이동생
애인처럼 기다리신다.

내 아버지는
머리가 훤한 반백색,
아직 아직도 젊으시다.

오늘쯤 눈이 오려나 흐린 날씨면
말없이 브람스에 귀기울이셔.

(그때 메뉴휜은 열다섯 살,
카페가 있고 땅콩과 홍차,
젊음을 보낸 나라는 하늘이 흐렸지.)

저기 어머니를 불러 앉히시고
"그렇지?"
처음 만난 부끄러움같이

서로 눈감고
브람스에 귀기울이셔.

첫눈이 온다.
어두운 초저녁에 첫눈이 온다.

나는 친구랑 밤길을 걷고
남은 아버지.
혼자서 술잔이나 기울이신대—
아버지 젊으실 땐, 아니 참,
아직 젊으시지.

가을 노래

1

몸에 좋은 우유 마시고
몸에 나쁜 당신의 수줍음.

나는 너무
두서 없이 시작했다.

모든 인과로부터의 자유,
모든 자유로부터의 도피.

2

돌아서던 얼굴을 기억하냐, 가을아.
세월은 유수라지만

과수원 사과나무 낙엽 밑에
감추어둔 우리 것을 기억하냐, 가을아.

모두들 돌아간 뒤에도

가을은 익어서 머물고 있었다.

나는 열중했다,
세월은 유수라지만.

다도해 인상

1

죽순을 아는가.
햇살 얼굴 씻는 소리를 아는가.

죽순을 아는가.
다시 반복되는 연한 파도 소리는
누가 나직이 받아 부르는가.

빈쯤 오르던 세 풀잎이
왜 귀기울이는 모습을 하는가.

2

남쪽 다도해의 아주 작은 섬,
사람은 더 안 보이고
하늘만 보이고

연둣빛 바다의 숨소리
밀려나온 조개 껍질.

밝게, 밝게, 웃고 있는
작은 섬의 시민들.

벗은 몸 바다에 담가
바다 되어 웃는다.

3

조금만 기다려다오.
나도 육신의 순을 보고 싶다.

청신한 몸의 향기,
향기의 시작을 보고 싶다.

다도해 작은 섬을 아는가,
죽순을 아는가,
분해되는 내 육신의 축제,
방황하는 사랑을 아는가.

정신과 병동

비 오는 가을 오후에
정신과 병동은 서 있다.
지금은 봄이지요, 봄 다음엔 겨울이 오고 겨울 다음엔 도둑놈이
옵니다. 몇 살이냐고요? 오백두 살입니다. 내 색시는 스물한 명이
지요.

고시를 공부하다 지쳐버린
튼튼한 이 청년은 서 있다.
죽어가는 나무가 웃는다.
글쎄, 바그너의 작풍이 문제라니 내가 웃고 말밖에 없죠.
안 그렇습니까?

정신과 병동은 구석마다
원시의 이끼가 자란다.
나르시스의 수면이
비에 젖어 반짝인다.

이제 모두들 제자리에 돌아왔습니다.
추상을 하다, 추상을 하다
추상이 되어버린 미술학도,
온종일 백지만 보면서도

지겹지 않고, ―
가운 입은 피에로는
비 오는 것만 쓸쓸하다.

이제 모두들 깨어났습니다.

초겨울 주변

겨울은 맨 먼저
혼자 쓸쓸히
내 팔짱에 오고

조용히 바람 소리 내고
손바닥에 흘러내린다.

내가 좋아하던 나그네는
벌써 빗장을 걸고
잠이 들었지.

때없이 허허로움은
늦저녁 긴 그림자 같다.
그림자 밟고 가는 구두 소리 같다.

용기가 없어도
오다가다 인사를 하자.
본적도 주소도 같은 시내에서
고개를 들면

나는 추위에
몸을 살핀다.

겨울에 그린 그림

1

내가 아직도 청청히 젊어서
겨울에 그린 그림은
이태원, 삼각지를 지나
한남동을 기웃거린다.

나는 그 돌다리도 기억한다.
내가 그린 나무는
자유의 손을 잃고 말았지만

적산가옥은 아직도
습기찬 벽에 빨래를 걸고
어깨를 움츠리고 쳐다본다.

2

병실에서 습기차 죽은 푸른 여인에게, 그 이발사는 울면서 입맞추고 봄이 씻겨가는 날, 나는 떠나면서 손을 흔들었다. 내가 군모를 쓰고 대열 속에 발맞추어 돌아왔을 때, 이발사는 머리를 기르고 벽을 보고 있었다. 하루 종일, 이틀 종일 눈을 부비며 다시 또 부비며 그 이발사는 벽을 보고 있었다.

바   다

1

내 어린 바다만은 안다.
출렁이는 선율과
그 속에서 가벼운 사랑을 실습하는
빛나던 어린 눈동자를 안다.

항상 말없이 걷던 해안가여
좁은 길목을 빠져나온 하늘이여,
너무 조용하면
힘껏 돌을 던져
바다의 말을 귀에 담자.

또 한 번, 또 한 번 튄다.
바다의 말을 귀에 담자.

2

어느 첫새벽에
아직 덜 깨인 눈으로 서서

어두움과 그 정적에 떨던 내 몸.

늙은 고깃배의 어지러움으로
바다는 새벽마다 점잖아졌지.

나도 어느 밤을 자고 나면
이렇게 점잖게 늙어 있을까.

이제는 멀리
떠나 있는 바다,
나보다는 훨씬 더
자란 친구야.

연가 4

네가 어느 날 갑자기
젊은 들꽃이 되어
이 바다 앞에 서면

나는 긴 열병 끝에 온
어지러움을 일으켜
여행을 시작할 것이다.

망각의 해변에
몸을 열어 눕히고
행복한 우리 누이여.

쓸려간 인파는
아직도 외면하고

사랑은 이렇게
작은 것이었구나.

연가 5

내가 사랑한 건
당신의 마음이 아니고
육신이었지.

약지 끝에 묻은 하늘,
육신에 젖어 있는
백목련 그늘.

밤에 항상 헤어지고
낮에 책임을 배워

우리가 젊었던 날에는
높은 길이 보였다.

이제 쉽게 단념한 이에게
오는 평화로움.

傾斜의 목,
측면으로 보이는 손목,
오는 평화로움.

연가 6

내가 그를 배웅해주고
도시로 들어섰을 때
도시는 비어 있었다.

이런 일은 없었다.
아무도 건드리지 않은 바람이
나를 보고 있었다.

모두들 돌아간 모양이다.
사람은 직장에서, 가정에서
우리는 사랑에서
모두들 떠나간 모양이다.

그렇다면 나는 조금씩
혼자 차 마시는 법을 배우고
혼자서 웃는 연습도 해야겠지.

내가 그를 배웅해주고
도시로 들어섰을 때
꽃은 시들어 있었다. 이미.

연가 8

이 이상 안 보여서야 어쩌나,
분간이 서지 않는 우리의 관계.

멀리 서서 그림 보듯이
눈을 가늘게 뜨면

비구상의 공간, 그 배경으로
가을비 음산하게 스며들고
남아 있는 밤.

아직 초조히 남은 사랑을 위해
너는 진한 물감을 던져라.

물감이 화면을 휘젓는다.
우리의 젖은 날들이 살아난다.

세 개의 인상

1. 앙리 루소 Henri Rousseau

앙리 루소는 또
촛불 옆에서 졸고 있구나.

1890년의 의상을 입고
사진사의 재치를 흉내내더니

그는 또 잠속에서
웃고 있구나.

난시가 된 짐승들이
숲속에서 잠들면

조용한 정원의 철문을 열고
길들인 외길의 그늘을 보라.

유머의 그늘이
압도하는 신화,

여인의 죽음 앞에서

나는 또 졸고 섰구나.

2. 루오 G. Rouault

이제 나는 돌아와
믿음을 고백하는 것이
우스운 일이기는 하나

나도 처음에는
말 위의 이 소녀 같은 자세로
살고 싶었던 게지.

꿈꾸듯, 꿈꾸듯
다가오는 말굽 소리.

종각은 멀리 보인다.
당신의 기도는
내 눈물임을,

당신의 색깔은

내 불빛임을.

3. 드뷔시 Debussy

당신 어머니의 그림자는
아직도 학같이 길군

물빛에 은근히
젖은 영상은

무료하게 지나가는
젊은 날 바람 소리.

그러나 이런 오후에
낮잠이 든 목신을 보면

당신의 육체는
아직도 포유류로군.

외로움도 사랑인 척

심중에 남겨두고

입술이 익어서
착한 사내로군.

다섯 개의 변주

1. 겨울

갑자기 언 강,
그 진폭이 너무 넓다.
화음 좋은 실내악.

얼음 위로 피는 꽃 보자.
푸르던 강 희게 얼었다.

'댓잎 자리 본' 옛날 애인은
독한 사랑이었구나.

얼음 위에 편히 누워
눈을 감는다.

잠깐 사이 등심을 울리는
물소리, 물소리,

화음 좋은 실내악,
떨리던 손만큼 깊다.

2. 봄

임신을 한
착한 처녀는
봄에 빨간 오버를 벗고
두려워하면서
남은 옷을 벗는다.

봄의 두 팔이 만드는
봄의 동심원.

떨어진 실과의 몸은
찾을 수 없고
진한 향기만
주위에 화사하다.

3. 여름

긴 여름을 열어놓고 불안한 두 다리, 강가에서는 온종일 솔잎의 말소리 듣고, 은빛 조개 껍질로 빈혈을 고친다. 나는 아무 병도 고쳐주지 못했다.

 이제는 병 없다 해주세요, 다 나았다 해주세요, 8년째 폐를 앓는 젊은 여인이 흥정을 하잔다. 나는 의사가 되지 말았어야지.

 낯선 한 마리 새가 근처에 내린다. 찾아갈 곳이 없는 연대에 외방인 대하듯 나를 보는 새야, 큰 강물 사이로 작은 강 여럿이 흐르고, 강물 보고 손 흔드는 새를 본다. 흥정하던 여인이 숨어버린 여름 강.

 4. 가을

 갈 길은 지천이어도
 마음은 때없이
 나그네로다.

 분만 대기실에서는
 피톡신 떨어지는 소리로
 궁합과 팔자를 맞추고
 웃는 사람도 없다.

분만은 가벼운 산책,
가을에 노를 젓는 여인이다.

약속의 땅에 도착한
샤갈의 그림은
맑은 꿈이었구나.

5. 두번째 겨울

수소를 호흡하고
사는 사내는
수소의 질량만큼
몸이 가볍다.

나는 정성 분석을 잘 배우고
정량을 익히지 못한 채
분석을 끝냈다.

수소는 스스로

체온을 주지 않고
겨울에 당신을 만나면

수소는 당신의 온기를 빼앗은 뒤
결혼할 것이다.
너무나 위험하게
수소는 다가와 예언한다.

핵. 핵.
휴존, 휘션, 컨휴전,
다시 핵핵.

두번째 겨울은
잠깐 사이에 우리에게 와서

죽고 사는 헤어짐이
다시 어려워질 것이다.

임 종

서향의 한 병실에 불이 꺼지고
어두운 겨울 그림자
낮은 산을 넘어서면

부검실은 차운 벽돌,
뼈를 톱질하는 소리로 울려도
이것은 피날레가 아니다.

나는 처음 해부학에서
자연스런 생명을 배웠다.
거기에 추위가 왔다.

막막한 청춘의 잠자리에서
나는 자주 사형 선고를 받았다.
남은 시간의 화려한 현기증.

들리니, 포기한 키 큰 사내의
쓸쓸한 임종.
들리니, 이것은 피날레가 아니다.

비망록 1

인간계에서 천상으로, 시간에서 영원으로,
그리고 피렌체에서 의롭고 건전한 겨레한테로 온 나는.
——단테의 『신곡』 중에서

나 방향을 잃고 친구는 부모를 한 해에 잃어, 실의가 비구름 일 듯 무연히 덮고 있을 때, 우리는 봄길을 헤치고 불현듯 불혹의 연세에 불치의 병을 앓는 우리의 고등학교 선생님을 찾았다. 죽음이 한 절반만큼 노후한 산장에 걸터앉고, 우리의 선생님은 乾坤을 누비시듯 책을 읽고 계셨다. 잔잔한 죽음이 책장 사이로 물결지고 있었다.

인생은 결국 책입니까.
아니다.
인생은 사랑이다.
아니다.
그것은 예술이다.
아니다.
우정이다, 아니다.

인생은 고독이다, 그 투쟁이다.
아니다.

피다, 허무다, 전쟁이다, 종교다,
아니다, 아니다.
그러면 인생은 오히려 평범,
아무것도 아니라면
술이다, 노래다, 여자다,
아니다.

인생은 열광이다.
열광에의 기다림,
열광에의 서성거림,
그리고 열광에의 미련.

 오래 기다리다 이제 떠납니다. 젊은 날 우리의 진심은 너무나 조용하고 깊었습니다. 외국어보다는 더 눈이 빛나 청춘을 이야기해주시던 존경하는 고등학교 신생님은, 숙음의 좁은 난간에서 우리를 배웅해주시며 웃으셨다. 열광은 어디 있는가.

 눈보라치는 우리의 계절, 세상이 살아온 거리를 헤치면서 나는 열광을 찾아보리라. 옆에서 친구는 손을 쥐며 대답했다. 열광은 이미 우리 몸에서 자라고 있다. 열광은 어디 있는가.

비망록 2

Und doch ist Einer, welcher dieses Fallen
unendlich sanft in seinen Händen hält.
—— R. M. Rilke

1

지루한 겨울날에는
이장을 한다.

죽어 십 년인데
숨이 차서 모로 누운,
눈치없는 역사가
향지성으로 자란다.

마음이 넓은 이는
해골이 가볍다.
눈물이 차가운 연유를 배운다.

눈알 속에
발가락 뼈 속에

나무 실뿌리는 잠들고

깊은 잠 속에 두고 온 일몰도
맨살에 부딪히는 생소한 바람도
향지성으로 자란다.

방황하던 이여, 지금은
진토되어 꽃씨를 아끼는 이여.

2

　매독에 걸린 19세 운전병을 치료하다가 퇴근하면, 시내에는 겨울이 와서 옷을 벗고 있었다. 운전병은 옷을 벗으면서 낄낄 웃었지. 내가 내릴 곳은 어디인가, 광화문쯤 혹은 안국동, 돈화문쯤에서 죽은 친구가 갑자기 손을 흔들면서 맞아줄까.

　열등 의식 때문에 잠을 못 잔다는 연상의 장교에게 나는 머리를 긁으면서 충고를 하고, 다시 약을 주고 퇴근하면, 겨울은 한참 익어서 빈손 위에 눈을 내린다. 빈손 위에서 꽃잎이 녹는다. 내가 내릴 곳은 어디인가.

제3강의실

1

본과 3학년, 어느 햇볕이 따가운 가을날 오후에, 나는 2층의 제3강의실— 2, 30년 낡은 책상에서, 산과 강의를 받고 있었습니다. 마침 아기는, 어머니 골반에서 머리를 꾸부린 채, 밖으로 나오고 있었고, 어머니는 직경 십 센티나 벌어지는 아픔을 전신으로 감수하고 있었습니다. 그러나 한 생명의 탄생은 그 아픔보다 귀한 것이어서, 드디어 어머니의 아픔을 대신 몸에 감고 아기는 울음을 터뜨렸습니다. 내가 강의를 받던 그 강의실에서는, 50여 년 동안 천여 명의 나의 선배들이 거쳐나간 곳이었습니다. 나는 강의에 열중하다가 머리를 벽에 기대었습니다. 벽은 내게서 불안을 지워버리고, 벽은 내게서 힘든 도약을 연기시켜주고 있었습니다. 그러다가 문득, 내가 기대인 벽 저쪽에는, 시체들이 나란히 누워 있는 인체 해부 실습장이라는 걸 알았습니다. 내게 술을 가르쳐주고, 다시 그 속에서 시를 써주고, 종교를 준, 내 미래의 친구들이 누워 있는 곳.

2

천장에는 회벽이 벗겨져서 그 모습이 한층 조각을 연상시키는데, 저 많은 파리떼들은 인육을 빨아먹다가 인육에 배인 불안을 토해내고 있었습니다. 그런데 아, 한 개, 두 개, 또 한 개— 노란 햇빛이 춤을 추는군. 또 그 친구들의 소행이겠지.
　교실의 뒤쪽, 창밖으로는 골목이 있었습니다. 우리의 신경만큼이나 복잡한 골목이, 군용 텐트로 지붕을 만든 판잣집 사이로 말입니다. 내려다보면 또 이 아가씨들입니다. 아가씨들은 낮에는 찾아오는 손님이 적어, 아침잠을 깨고 나면 세수도 안 하고 늘상 이 짓입니다. 파경을 당한 여인이 들고 온 거울쪽을 들고 햇빛을 교실 안으로 보내는 것이었습니다. 내려와! 내려와! 공짜로 해줄게! 청춘을 구가하는 노랫소리는 밤새 부지런히 나들던 손님들한테서 배우고 우리에게 가르쳐준다는 것이었습니다. 내려와! 내려와!
　우리는 황홀한 햇빛의 잔치를 보다가 모차르트의 클라리넷을 듣는 기분으로 눈이 빛나고 상쾌해지기 시작했습니다. 내려와! 내려와! 공짜야! 우린 아직도, 편안한 마음으로 저만큼에서, 남들의 이야기를 듣듯이 음악을 들을 수가 없었습니다.

3

　산과 시간은 결국, 잘못 걸린 난산의 임부를 어떻게 지켜보면서 요령 있게 새우잠을 잘 수 있는지를 배우고 끝이 났습니다. 산과 시간이 끝이 나면서 비가 오기 시작했습니다. 음산한 빗소리에 명랑하던 '내려와 아가씨'들은 그들의 꿈의 궁전으로 들어가버렸고 저쪽 편 창 밑에서는 가슴을 울리는 노래가 들려오고 있었습니다. 단층의 병리 부검실에서였지요. 붉은 벽돌담에 두 손을 대고 늙수그레한 토박이 여자가 순아, 순아를 부르면서 벽을 두드리고 있었습니다.

그러나 우리는 허구한 날, 이 제3강의실에서 매일 한두 차례씩 이런 노래를 들어왔습니다. 처음 얼마는 내 목을 메이게 하고, 다음 얼마는 나를 사색의 자세로 만들어놓더니, 그것이 지나고는 차차 귀머거리가 되어 무심해졌지만, 요즈음에 와서는 드디어 귀가 트이어 음악이 들리고 있었습니다. 말하자면 중앙아시아의 광야에서 듣는 것 같은 음악으로 말입니다. 그러나 비가 오고, 가을은 흠씬 익어서 나뭇잎마다 구슬을 다는데, 나는 문득 어린 날의 순이가 생각났습니다. 순아, 순아, 너랑 나랑 같이 살면 매일 웃고 지내자. 우리말을 떠듬대던 내게는, 온 세상에 꼭 하나 예쁜 순이가 있었습니다. 아이고, 아이고, 가엾어라, 순아, —엄마의 쉰 목소리는 힘없었지만 비 젖은 긴 머리채와 광목치마 사이로 울음은 흔들려 나왔습니다.

순한 아이는 먼저 죽고, 부검실에서는 나의 선배가 부검대 위에서 순이의 가슴을 톱질하여 폐와 심장을 뜯어내고 있었습니다. 피는 흥건히 괴어 순이가 살아 있던 날을 기억나게 해주었습니다.

4

　강의는 끝이 나고, 나는 가방을 들고 제3강의실을 빠져나가야 했습니다. 오늘은 우선 골방에 박혀 있는 친구에게 에스 엠을 주사해 주고, 신대륙을 찾아서 떠나는 어릴 적부터의 여자 친구를 만나야 했습니다. 이 여자 친구는, 내가 더 어릴 때는 어디고 할 것 없이 귀엽고 탐스럽기만 하더니, 몇 년이 지나니까 나보다 훨씬 앞서가면서 드디어 호화롭게 되었습니다.
　나는 주머니를 뒤져 비닐우산을 사야겠다고 생각했지만 아무래도 이 여자 친구에게는 비닐우산이 미안해할 것 같아 망설이지 않을 수 없었습니다. 그러나 나는 언제고 이 여자 친구 앞에서는 망설이기만 했기 때문에, 비닐우산이 오히려 내게 더 어울리겠지 하는 생각이 들었습니다.
　문득 윤회설! 제3강의실에는 지금도 애기는 새로 태어나고, '내러와 아가씨'들은 밥을 많이 먹고 청춘의 절정을 유행가조로 불러 제치면, 사체들은 얼마쯤 세상을 비웃듯이 천장을 향해 기도를 할 것이고— 그리고 부검대 벽에 기대인 여인은, 죽음과 소녀의 피날레를 언제쯤 그칠 것인지, 그러나 문득 윤회설!
　나는 다시 망설이다가 윤회설보다 우선 칼칼한 배고픔을 느꼈습니다. 그때는 인공위성을 띄우던 과학의 시대였으니까요. 나는 가방을 든 채 나만큼 망설이고 있는 비닐우산을 접고, 길을 꺾어 막걸리 집으로 들어갔습니다. 여기가 나의 강의실인 것처럼……

5

　나를 기다리던 골방의 친구는 머지않아 새로 푸르른 젊음을 장만할 것이고, 신대륙을 향한 경건한 소녀의 기도는 옛날에 나와 함께 나누던 꿈을 깨고 길을 떠날 것입니다. 그래도 무엇인가 아쉬워서 조금 기다리다가 떠날 것입니다.
　참, 오랫동안 기다리셨습니다. 제3강의실에서 뜨겁게 지글지글 곱창을 굽고 있는 학생들. 지금 밖에는 길이 무너지게 비가 오고 있습니다. 길은 잠시나마 내 안정을 위해 끊어져야 합니다. 나는 더 이상 걸을 수가 없습니다. 이 비가 개면 다시 일어나보겠습니다. 참 오랫동안 기다리셨습니다.

평균율

1968년 가을에 펴낸 황동규·김영태와의 3인 시집에 실렸던 시들. 고국을 떠나기 전인 군의관 시절 2년과 미국의 의사 수련 생활 첫 2년 동안 쓴 시들이다.

겨울 이야기 1

겨울은 어떻게 오던가.
빈 뜰에 이른 어두움 내리고
빛나던 강물 소리 그치고
그 뺨에는 하얀 성에.

의정부행이었지,
뜻밖에도 눈이 내릴 때
마지막 밤 버스에서
흔들리던 요한 묵시록,
밤새 눈을 맞는
孝婦利川徐氏之墓.

선종하는 노인의 잔주름 끝에도
한 줄씩 조용한 눈물.
그 눈물의 속도처럼 아직
겨울은 혼자서 머물고 있다.

비망록 3

오 내 피, 내 아기를 언 땅에 묻은 뒤, 흰 보자기로 뜰 아래 흙을 퍼담아 낮에 쓰다듬고 밤에는 가슴에 껴안고 젖 물리는 여인. 젖무덤 흰 가슴에 매일 흩어지는 흙, 철문의 병실, 병명이 붙은 모성애.

나는 오랜 불면 끝에 가위눌린 잠이 들면 꿈에는 죽은 친구를 만나서 반갑고, 골목길 술집에서 같이 찬 술을 들이켜다 잠이 깨면 아직 남아 있는 뼈아픈 숙취, 막막한 높이의 폭설. 내가 몇 해 만에 인천에 갔을 때도 바닷물이 내게 와서 말해주었지, 친구여 소리 없는 시간에 도착하여 잔잔히 녹아주어라.

지금은 언 땅에 비상이 내리고, 목이 긴 군화로 하숙집에 들어서면, 냉돌에 밤 기차 소리 흔들리고 내가 지켜본 많은 죽은 이들 하나둘 모이기 시작하네. 밤새 내리는 체온. 아침결이 되면 내 가슴에도 문득 남아 있는 흙, 손 위에 넉넉한 평화여.

시인의 방

19세기의 촛대에 불을 밝히고 윤기 있는 生木의 책상을 빼면, 시인의 방은 씨암탉의 모이주머니, 샤갈 선생의 진주가 있는 씨암탉이다. 버밀리온색의 작은 눈.

그래서 선생은 몇 해 불란서의 우체국장을 지내고 지금은 죽어서 고향에 돌아가 닭을 치고 있었다. 시인의 방은 프랑크푸르트 암 마인의 엽서, 시인의 방은 구라파의 묘한 우표다.

나는 특별 군사 훈련에서 적십자 마크의 철모를 쓴 채 지쳐 쓰러지고 밤이슬에 선잠을 깨면, 시인의 방은 열대 식물을 위한 온실, 지중해를 여행하던 애인은 햇볕에 살 영글은 자갈돌 두 개를 소포로 부쳐주었다.

어느 땐들 우리는 은둔자의 표정을 존경치 않을 때가 없었지만, 어두운 여름 새벽 산길에서 혼자 눈뜨면 온몸에 이슬을 맞는 은둔자의 흐려진 감각을—기억 중에서도 시들어가는 사랑을 생각하지 않을 수 없었다.

그렇다. 우리는 한때 세상을 빛나게 하던 중독증을 가지고 있다. 샤갈 선생의 엽서나 자갈돌 두 개. 나는 그러나 아직도 따뜻한 나의 시인의 용도나 궁리해볼 뿐인 것이다.

연가 9

1

전송하면서
살고 있네.

죽은 친구는 조용히 찾아와
봄날의 물 속에서
귓속말로 속살거리지,
죽고 사는 것은 물소리 같다.

그럴까, 봄날도 벌써 어둡고
그 친구들 허전한 웃음 끝을
몰래 배우네.

2

　의학교에 다니던 5월에, 시체들 즐비한 해부학 교실에서 밤샘을 한 어두운 새벽녘에, 나는 순진한 사랑을 고백한 적이 있네. 희미한 전구와 시체들 속살거리는 속에서, 우리는 人肉 묻은 가운을 입은 채.

그 일 년이 가시기 전에 시체는 부스러지고 사랑도 헤어져 나는 자라지도 않는 나이를 먹으면서 실내의 방황, 실내의 정적을 익히면서 걸었네. 홍차를 마시고 싶다던 앳된 환자는 다음날엔 잘 녹은 소리가 되고 나는 멀리 서서도 생각할 것이 있었네.

3

　친구가 있으면
　물어보았네.

　무심히 걸어가는 뒷모습
　하루종일 시달린 저녁의 뜻을.

　우연히 잠깨인 밤에는
　내가 소유한 빈 목록표를,
　적적한 밤이 부르는 소리를,
　우리의 속심은
　깊이 물 속에 가라앉고
　기대하던 그 만남을
　물어보았네.

연가 10

1

이렇게 어설픈 도시에서 하숙을 하는 밤에는 월트 디즈니의 만화 영화를 보자. 하숙이 허술해서 몽땅 도둑을 맞았으니 난로를 때는 이 극장이 격에 어울리지. 총천연색의 세상에서 나도 메뚜기가 되어보면, 밖에는 눈이 그칠 새 없이 내리고 혼자 보고 혼자 오는 발이 시리다.

2

도서관을 돌다가 무심결에 호흡기 내과 책 한 권을 뽑았더니, 겉장에는 알 케이 알렉산드리아의 사인이 있고 철필로 쓴—보스턴, 매사추세츠, 1879년 8월 2일. 1879년 8월 2일은 날씨가 흐렸다. 흐려진 철필 글씨, 무덤 속에 있는 내과 의사 알렉산드리아 氏의 손자국을 유심히 본다. 1966년을 내 책에 기입하고 나도 훌륭한 내과 의사가 될 것이다.

3

현관이 있는 집을 가지면 소리 은은한 초인종을 달고, 쓸쓸한 친구를 맞으려고 했었지. 파란 항공 엽서로는 편지를 쓰면서 겨울을 사랑하고, 테 없는 안경을 끼고 수염을 조금만 키운 뒤, 조용히 가라앉은 목소리로 헤세의 아우구스투스를 읽으려고 했었지. 이제 당신은 알고 말았군. 길어야 6개월의 대화만이 남은 것, 6개월의 사랑, 6개월의 세상, 6개월의 저녁을, 그리고 나에게 남은 6개월의 상심을, 6개월의 눈물을 알고 말았군.

연가 11

1

아무도 없는 곳에서
슬그머니 웃는 이유를
누가 알까.

중위 월급
월부로 산
자수정 반지.

청춘은 그냥 일주일,
기상은 오전 여섯시 십분.

아무도 없는 곳에서는, 아직
조용해지는 이유를
누가 알까.

2

그렇게 어려웠던 일

이제는 도로 쉬워지고
친구놈 아들을 어르다
토요일 오후를 보내면
일요일에는 비,
술을 마셔도 비가 오고

주머니에는 남은 여독이,
주소를 쓰다 지운
빈 엽서가.

그렇게 어려웠던 일
이제는 밤낮으로
도로 쉬워지고.

3

불쾌지수 높을 때는
중학교 반장의
지리부도를 보자.

어릴 적의 평온이여,
구라파의 지리부도를 보자.

국경선을 빈번히 넘어다니는
방랑자의 낮잠,
여러 음성의 잎이여.

연가 13

1

여자에게서 취할 것은
약간의 미모와
약간의 애교와
여자에게서 취할 것은
약간의 요리와
봄날의 이불.
그리고는 흩어지는 꽃잎으로
그 이름을 떠날 것이다.

2

  한때는 구기도 공부도 좋아하고, 한때는 포카도 술도 연애도, 한때는 음악도 회화도 시도 소설도, 그리고 결혼도 의사도 죽음도 좋아했지만 결국 한 50년 만이라도 몰입될 것은 무엇인가.

  세상에도 아는 놈만 안다. 번연히 오래 못 살 환자의 비밀. 멋모르는 대면의 술잔. 그리고 다음번의 목차를, 적은 소외감을. 세상에도 모르는 놈만 모른다. 잠자리에서도 소홀한 한 목숨의 경계를.

연가 14

이제 강물은 흐르지 않는다
때로 강물을 막아서면
소리치며 미련으로 흐르던 물결,
향방을 알지 못한 채
나는 사랑했다.
기억하라 강물의 대화,
강물의 시야, 그 은근한 힘을.

이제 강물은 흐르지 않는다.
흐르지 않는 강은 마침내 마르고
강물은 스스로 목숨을 놓고
땅이 될 것이다.
그리하여 강은 자취를 감추고
강길을 따라 경사지가 남으면
주위의 몇 사람이 길을 가면서
잠깐 동안 목마름을 느낄 것이다.
상상했던 사랑을, 그 싱싱한 인연을.

그래도 언젠가는 모두 잊을 것이다.
이곳에 강이 있었던가
이곳에 강이 있었던가

그러나 잠깐 다시 경사지를 바라보라.
아직 사랑할 수 있는 강의 이름을
빛나던 강물 소리를 들을 것이다.

독 방
——동생 훈에게

외국에 가서야
어엿한 독방을 가질 것이다.
소개된 사진같이 독방에는
한 개의 침대와 한 개의 책상,
乾坤離坎은 잘 모르지만
내 나라의 국기를 하나 붙이고
독방의 문을 잠그고서야 비로소
혼자 지껄이는 자유를 누릴 것이다.

이사를 가도 20년 같은 방,
대학 때 술김으로 정치를 말하면
나는 사람 뼈를 챙겨들고 친구에게 갔었지.
흔한 시험 중에는 얼씬 못 하던
동생은 이제 조간의 기자,
나는 군의관 삼 년,
이제 사랑스런 방해물을 떠날 것이다.

돌아다보면 모두 모이지.
널려 있는 전공의 비구상,
몰래 배운 담배 연기,
빈 밤에 듣던 라디오 음악

앙상한 주먹으로 친 방구들
옆머리로 들이받던 벽의 후회,
도배를 하면 간단히 달라질 것이다.
달라지지 않을 것이다.

이상한 고별사

나 이제 떠나려 하네.
고별의 음악을 듣던 시대는 가고
그 쓸쓸한 집착의 실연조차
멀리 미워할 힘이 없네.

고개를 숙이면 아직 노래는 들리네.
내 의식의 작은 가지는 꺾이어
때때로 흘린 피를 어찌 아깝다 하리,
이제 永世의 고립을 머리에 달고
마지막 이십대의 두 다리로 서서
고별을 말하려 하네.

가여운 영혼의 친구여,
흑색 토스킹으로 양복을 지어 입고
피부에 따뜻한 내복을 입어도
나는 모처럼 광대의 미소로
외국어와 모국어를 섞어 떠들며
돌아서면 혼자 잠자리에 들으리.

나는 자유롭게 세상을 미워하고
무심히 오만의 의상을 흔들어보였지.

과거래야 기껏 떠돌기뿐이었지만
느지막한 靑雲이 지켜서서 보면
나 할 수 없이 떠나려 하네.

태평양

어릴 때는 무조건 王이 되고 싶었다. 더 넓은 태평양을 지배하는. 조금 자라면서 해저 이만 리의 이야기에 쏠리고 그리고 외국어 시험에서는 대양의 생화학적 응용을 해석하고 떠났다. 이제 사만 척 위에서 내려다보는 태평양.

내가 고국을 떠나고 태평양도 고향을 떠났다. 태평양은 조용한 눈을 가진 임산부, 결별의 편지를 읽은 후 천천히 고개를 숙이는 여인. 원거리 시력 무한대의 기억은 내 새벽의 꿈을 깨워 악수를 전해준다. 나의 흩어진 신부여.

6월의 형식

이국에 도착했을 때
내게 남은 것은 흔들리는 몸뿐이었네.
이제는 정신의 어느 곳에서도
낙화의 소리 그치고
남은 향기의 대화여.

영주권을 얻고 기뻐서 울던
모국어를 하던 이방인들 사이에서
내게 남은 것은 적막한 이별뿐.
열병 속의 봄날은 다시 가고
초여름의 순진한 그늘,
외딴 나라에서의 헤어짐.

나야 역대의 정치는 하나 모르지만
경제와 살인의 한국 신문에서
一日 四面의 신음 밖에서
이해하자, 인간의 좁은 비교학을,
이 과학적인 아픔을.

지나간 사랑은 신경통이다.
6월의 낡은 오렌지를 씹으며

한적한 공항의 인사
마른 손을 잡는다.

루오의 원화

나는 보았네.
첫번째 루오의 원화 앞에서
서울 구석에 남아 있는 청년기,
고전적인 망막 세포.
나는 보았네.
화폭 위의 먼지,
먼지 위의 침묵,
내 고장의 실리 없는 사랑을.
죽고 사는 것이 이렇게 지척이면
그 목소리 분명히 귀에 들려도
구태여 슬픔도 허영으로 돌리겠네.
나는 보았네.
어릴 때 모아둔 그 많은 나의 영토,
이제 흔적 없는 내 소유물을.

통계학

1966년의 내 통계학은
50여 명의 살인
200여 명의 사망 진단.
숨거두는 모습 기다려보자면
사람들은 모두 같아,
참으로 외로워 보이더라.
한 줄씩 눈물을 흘리면서 헤어지지.

내 1966년의 외국은
자각의 손도 마비되어
이제는 시그마의 기호도 몸에 감춘 채
이 실증의 거리에 나서다.

의사 수업
──Hans Carossa에게

고백합니다.
나이 삼십 되어도 잦은 꿈속에서는
초조한 시험, 답안지 작성뿐.
언제 인류를 위해 내가 죽고
언제 역사의 무리를 일으켜
혁명의 총 한번 쏘아보지 못한
혹은 산상의 내 종교도
고행자의 외로움조차 소리 없고.

고백합니다.
하룻밤 술 마신 날 후회하고
소설책 한 권에
분망대며 전공의 책상에 앉던.
내 수업 시대에는
전지로 매바을 만들고
원자물리학을 뱃속에 심어도
사는 일은 매일처럼 어려워지는 것을.

고백합니다.
공원 한끝의 서양식 묘지,
묘지 앞에 시들은 꽃송이,
당신의 시들은 세계를.

어느 도시에서

회상만으로 사는 당신이 되었을 때
후회하지 않을까 몰라.
클리블랜드 시 4가의 한쪽 보도
걸어가는 한 여행자의 어깨,
얼마 남지 않은 당신의 그림자
후회하지 않을까 몰라.

천하에 이미 이웃은 없고
화려한 귀국의 날도 지나고
남아 있는 빌딩의 벽에 기대이면
오래 지켜오던 당신의 인생도
인생도 천천히 가라앉는 소리 들리고.

문명의 내막에 서서
당신의 실없는 웃음을 볼 때
그 웃음에서 바람 소리 들리고
당신의 회상이 마지막 손을 흔들 때
그러면 후회해도 확실히 말해야지,
클리블랜드 시 4가의 취한 저녁
한 작은 이별의 느린 노래로.

대　답
──데일 마이어 씨에게

기관총 사수여
파란 눈 스무 살 한국 동란에 와
한쪽 눈을 실명한
기관총 사수여, 은인이여,
그러나 올드 랭 자인은 우리 애국가가 아냐,
그 민요가 내셔널 엔섬은 아냐.
戰火의 서러움 10년 이상을
고아들을 키워 시집 장가 보내준
기관총 사수여, 친구여,
양갈보 아직도 있고 거지도 있고
똥지게가 수도의 복판을 아직 누빌지 몰라도
당신의 미소 있는 질문만이 전부는 아냐.
선거 부정, 돈 부정도 제기랄,
아직 있는 모양이지만
유태놈같이 유태놈같이라도 달리자,
싸이나이 사막에라도 나가, 삼천 리만 달리자.
외국에 살아도 치사해지지 말자고
내 대답이 목이 멘다.

무용 1
──Pouline Koner 씨에게

나도 당신의 무용 같은
사랑을 한 적이 있었다.
하나의 동작이
깊이 가슴에 남아
그 무게로 고개를 숙여버리던
그때는 봄이던가, 가을이던가,
당신이 존경하는 화가의
그 무리한 표정으로
나도 층층대를 올라가
방문을 한 적이 있었다.
움직이지 않는 당신의 무용,
소리 없는 음악,
그래도 충만한 당신의 무용만큼
안부 없는 사랑을 한 적이 있었다.

證例 1

켄터키 주 루이빌 출생, 29세
미혼 백인 남자
시신의 확인: 1966년 11월 3일

당신이 살았을 때
말하고 웃을 때
나는 몸에 큰 가운을 입고
김치 생각을 했다.
당신이 살았을 때
블론드의 애인 사진을 자랑할 때
나는 어머니 생각을 했다.
당신이 죽었을 때
6척 창밖에는 새벽이 서서 작별하고
나는 1분 간의 검진으로
죽음을 확인한다.
인생은 모르고 지내다
돌려주는 것,
밤새 비 오다 그친 병원 뜰
윤기 있는 나무 한 그루,
문득 돌아서서 당신을 본다.

證例 2

　내 옆집 부레이셔 할머니는 여름밤 등의자에 앉아 미국 이민사를 이야기해주었다. 뉴욕 시의 교육으로 아직 안경 속에 지혜가 있어도, 보이는 쓸쓸한 발음. 자식은 성공해 옆에 없고 혼자 사는 이층방에 빛나는 과거의 사진들.

　병원에서 위독을 알려도 그랬지. 색감 있는 카드와 항공편 꽃다발이 석양에 밝아도 방문객 없는 할머니— 당신은 외국 의사의 내 환자. 대국의 외로움이 내 눈에 보인다. 차가운 철판 부검대에서 골을 자르고 얼굴 껍질을 벗기고 내장을 뜯어내어도, 조용하게 입다문 당신의 외로움, 내 눈에 보인다.

　나는 모든 내 환자를 가장 깊이 안다. 병실의 어두운 고백을 듣고, 그 마지막 열망과 죽음이 오는 소리를 듣는다. 그래서 죽음이 천천히 혹은 돌연히 찾아왔을 때 나는 육신을 산산이 나누어 病因을 보고, 마침내 텅텅 빈 복강의 허탈한 공간 속에 내 오랜 침묵을 넣고 문을 닫는다.

　사람이여, 그리웁고 사랑스러운 사람이여. 망자의 사지에 힘주던 핏물로써 네 눈을 이제 기억할 수는 없다. 어느 날 우리의 복강에서도 이름 모를 산꽃이 피고 변형된 생애가 다시 푸릇푸릇 자라면, 그때서야 현세의 散難한 바람을 다스려 우리는 보리라. 산골짜기 냇물 속에서 만나리라, 사람이여.

證例 3

1

죽은 자를 애통해하라, 제사하라, 추억하라. 죽은 자를 위해 기도하라, 그러나 죽은 자를 곧 배 가르지 말기. 해골의 톱질 소리에 죽은 자의 고통 다시 들린다.

심장에 뇌간에 혹은 부신에, 짤라도 짤라도 죽은 자의 영혼 앉아 있지 않는다. 죽은 자를 사랑하라, 그러나 그 무덤은 다시 파지 말기. 친구여, 네 뼈를 추릴 때 나는 땅 밑에서 소리 없이 늙었다.

보드라운 흙을 만져도 간장의 흙과 폐장의 흙과 심장의 흙을 구별하며 반신다. 숙은 친구여 말해도, 그 웃음은 생각하지 말기. 아무리 有情하지 못하여도 어찌 흙을 보고 모두 끝났다 하리.

2

당신이 운명할 때
쥐고 있던 기도는
사실 그 모습이 연기되어
가물가물 떠나 있지만,
당신이 운명할 때

쥐고 있던 기도는
내 책상 위에서도, 지금
조용히 흔들리고 있다.

3

내 불찰이여,
돌 지난 아들도 틈틈이
생소한 아이로 보이듯
어찌 육친의 이름만으로
세상의 눈을 다스리리.
당신이 떠나신 후
맨살에 부딪히는 바람,
깊은 잠 속에 두고 온 일몰도,
당신의 고통도.

내 불찰이여,
사랑은 무를 수도 없는데
이미 가버린 일상을
어디에 다시 눈물로 구걸해보리.

꽃잎을 여는 시간에는

정원의 작은 꽃들이
천천히 그 꽃잎을 여는 시간에는
오래 헤어졌던 생음악,
그 막막한 백발의 휘날림이
당신의 아침과 낮을 버리고
항구에 도착하는 시간에는.

당신은 마침내 들을 것이다.
저녁에 돌아오는 조심스런 발소리를,
우수의 계절에 내리던 눈 녹고
죽음이 우리 사이에서 자유로워지면
약속과 사랑을 들을 것이다.

밤에는 바람이 세게 분다.
으깨진 응급 환자가 들어온다.
천천히 그 꽃잎을 놓아주는 환자,
풀어진 눈, 풀어진 사랑,
나는 돌아서서 손을 부빈다.
등에 식은땀, 꽃잎의 목례,
밤에는 바람이 세게 분다.

카리브해에 있는 한국

1972년에 황동규·김영태와 같이 펴낸 『평균율 2』에 넣었던 시들. 미국의 오하이오 주에서 보낸 의사 수련 시기와 의과대학 강사, 조교수직을 시작하던 때에 쓴 것으로 생활도 사유의 윤곽도 불안정하던 시절이었다.

후 문

바람아, 너는 참으로 쉽게 단념하는구나.
얼마 전 밤에는 소리내어
창문을 두드리고 두드리고 하더니
다음날엔 온 천지에 낙엽만 쌓이고
바람은 저 높은 하늘에서
초로의 손을 흔들었지.
네 목소리는 잔등의 한기,
잠자는 겨울 나무의 單調한 꿈.

너는 참으로 쉽게 참는구나.
보이지 않는 곳에서 숨쉬고
드디어 예고 없이 내리는 細雪,
네 피부는 저 깊은 겨울의 배면,
생시일 수가 없는 일을, 바람아
나는 때때로 과거처럼 느낀다.

證例 4
——의사 William Frizzell에게

1

당신은 내 선생급이었지만 점심을 같이 먹을 때도 속으로는 실력을 빈정대었고 오후의 집담회가 끝나고 엘리베이터로 내려오다가, 당신이 2층쯤에서 갑자기 쓰러지고 그리고 갑자기 죽었을 때.

37세의 당신의 부검에 들어가 당신을 자르면서 관상 동맥에 박힌 지방의 깨알만한 사인을 보고는, 부검이 끝나도 정신없이 유행가만 흥얼댔지만.

아가야, 귀여운 아가야, 내일 아침에는 인사과로 가서 억울한 죄인처럼 꾸부리고, 아니지, 요령 있는 놈같이 요령 있게 생명 보험에 들을게. 그러나 그것은 겨우 네 눈깔사탕일 뿐이다.

2

의욕적으로 살고 싶다.
사랑도 식구도 좀 잠재워놓고
친구에게는 편지를 쓰고
적어도 태평양쯤에 나가

구름같이 해산하고 싶다.
우리에게 항상 보이는
예각의 절벽에 서서
떨어질까, 말까를 자주 결정하고 싶다.

證例 5

1

　당신이 죽은 건 내 오진 때문만은 아니었지만, 당신이 12동 병실에서 장례소로 퇴근할 때 나는 퇴근할 기운도 용기도 없었네. 용서하게.

　사실 오진은 내가 의사가 된 것이었지. 고등학교 대수 시험 때 숱한 오산은 말해서 시금석이었지만, 당신의 죽음으로는 차운 비석이 설 뿐이네.

　생시의 골목길에서 혹은 어느 꿈에서 후회하고 산다는 사람 만나면 용서해주게. 용서되지 않은 후회가 가슴을 태우네. 그러나 밤은 뉘우침보다 빨리 온다.

2

공동묘지를 새벽에 지나면
항상 박하 냄새 난다.
박하내 나는 4각의 창
그 창밖에서 새벽은

안을 보는 연습이 필요하다.
천장도 바닥도 모서리도 없는
한 개인의 이온화 현상.
그 싱싱한 몸을 일으켜
밤이면 다시 目覩하리니
언제 내 손을 깊이 씻어
당신의 지문을 찾아내리.

證例 6
―앤 선더스 아가에게

내가 한 아가의 아빠가 되기 전까지는 환자는 늙으나 어리나 환자였고, 내가 아빠가 되기 전까지는 나는 기계처럼 치료하고 그 울음에 보이지 않는 신경질을 내고, 내가 하루하루 크는 귀여운 아가의 아빠가 되기 전까지는 내 같잖은 의사의 눈에서는 연민의 작은 꽃 한 번 몽우리지지 않았지.

가슴뼈 속에 대못 같은 바늘을 꽂아 비로소 오래 살지 못하는 병을 진단한 뒤에 나는 네 병실을 곁돌고, 열기 오른 뺨으로 네가 손짓할 때 나는 또다시 망연한 나그네가 되었지. 그리고 어느 날 엉뚱한 내 팔에 안겨 숨질 때, 나는 드디어 귀엽게 살아 있는 너를 보았다. 아, 이제 아프게 몽우리졌다, 네 아픔이 물소리 되어 낮에도 밤에도 속삭이는구나.

미워하지 마라 아가야. 이 땅의 한곳에서 죽고 나면 그만이라는 패기 있는 철학자의 연구를 미워하지 마라. 너는 그이들보다 착하다. 나이 들어 자랄수록 건망증은 늘고, 보이는 것만 보는 눈은 어두워진단다. 그이들은 비웃지만 아가야, 너는 죽어서 내게 다시 증명했다. 살아서도 죽어서도 헤어지지 않는다.

토요일 밤

토요일에 마신 술은
일요일에 일어나 떠나가리.
끝끝내 회상은 병이다.
자정에 끝나는 대화.

아버지의 부고는
전보 한 장으로 끝내고
나도 아버지가 되고 보면
인생은 참 간단하구나.
정확히 계량되는
저 바람의 양만큼
내 신체에 묻은
당신의 피.

창밖에서는 때 아니게
낮은 음성의 나뭇잎 소리 들린다.

전 축

착한 신자는 모든 길을 알고 있지만
나는 음악을 믿지 않았어야지
그것은 멀리서 남의 것이 되어
눈이 맞으면 눈인사나 하고
그 기회도 없으면 잊어버릴 일이지.

결혼 전에 산 전축은
아직도 미혼의 활기에 차 있고
현악의 실내악을 모으다가
휘셔 디스카우의 노래를 듣다가
고국에 있을 때는 고개 돌리던
술을 마시면 이미자도 듣지만

내 전축은 협심증이 있다.
한 악장만으로도 가끔
만년의 느린 꿈 꾸듯
가슴이 아파서 떤다.

인　사
──우주인 닐 암스트롱에게

음지의 도로에 서서
양지의 당신을 환영했다.
와파카나타, 오하이오, 인구 7천,
당신 금의환향의 날에 나도 있었다.
음지의 작은 나라 노란둥이도
인파 속에, 환호 속에, 색종이 날림 속에
눈을 크게 뜨고 당신을 보았다.
양지의 미소를, 오픈 카 퍼레이드를
토요일 오후에 도착해서
나도 당신의 손을 쥐어보았다.
수백 년 당쟁과 석 자 수염의 얼굴로
허리가 꾸부러진 코리언이
악수를 나누고 우주를 생각했다.
대원군을 생각했다,
남원 효기리를 생각했다,
생각했다.
본과 3학년
남원 효기리, 또는 이곳 저곳에서 만난
홍수에 흙물 마시고 떠내려간 아이야
횟배에 장이 막혀 죽은 아이야
우리의 첫인사는 환호성이 없었지.

네 손을 쥐고 할말이 없던
나는 결국 미국으로 뺑소니쳤구나.
다음번에는 뺑소니라도 쳐라.
바보야,
삼천리 강산에도
말라비틀어진 어린 바보야.

피할 수 없는 고통으로 인사를 마치면
나는 와파카나타 한길에서
갈 곳이 막막하게 먼 것을 느낀다.
바보야, 천하에 바보야.

편지 2
——동규에게

1

샤워를 끝내고 플로리다산 오렌지 주스에 스크램블드 에그, 초록빛의 신년도 쉐보레로 출근하고, 환자를 보고, 정맥 주사를 주고, 세미나에 나가 주절대고, 시집 안 간 간호사가 눈짓으로 조르면 피임약 처방이나 써주고, 저녁에는 젝 베니의 만담을 듣고 골프 중계를 보고, 그러나 아무리 주접을 떨어야 엽전은 엽전이다.

요즈음 아들놈은 미국 시민답게 악센트가 나보다 정확하다. 주말이면 칵테일 만드는 재미로 파티를 열고, 파티에 가고, 아니면 42가에 있는 나체 영화 구경을 가고, 혹은 에이리호 근처로 밤낚시를 가고, 경마잡이를 가고, 가고 가고 오고 오고, 그러나 아무리 주접을 떨어야 사우스 코리언은 사우스 코리언이다.

내가 흥분파가 아닌 것은 너도 알지. 그래서 아예 의과를 택한 것도 너는 알지. 중동 사태가 블랙 파워가 서로 옳다구나 연기를 피워도 내게는 천리 밖 남의 얘기다. 그러나 이 지방 신문 제50면쯤에 난 서울발 간첩 침투 소식은 나를 흥분시킨다. 흥분하다가 지지리도 못난 이씨 조선을 원망한다. 원망하다가 세계 지도를 물끄러미 새겨보고 체념한다. 체념하다가 내가 갑자기 강대한 청년이 되는 틀림없는 생시에 꿈을 꾼다.

2

딴 나라에 삼사 년 살다 보니까
조용한 게 무척 좋다
새벽 두시 반 술집을 나서면
친구도 나라도 아무것도 없다.
초저녁에 잠든 아기와 아내를
새벽녘에 돌아와 보면
문득 가여워진다.
허나 살아 있는 자의 가여움은
백 번을 당해도 허영인 것을,
요즈음은 모든 게 멀리 보인다.

편지 3

찾아가보았다. 한여름의 카리브해. 끈적한 해변의 육체들이 깔끔한 우리 남해에 어찌 비견인들 하랴. 그만큼 거만한 마음으로 도박장 불빛을 보고 스트립 쇼나 보고 돌아왔다.

저 이탈리아 독일의 거렁뱅이 이민, 그 손자쯤 되는 환자를 본 적이 있다. 내 외국 생활 첫해의 인턴 때였다. 코리아, 코리아가 어디 있더라, 푸에르토리코 근처 카리브해 어디쯤이지, 그 거렁뱅이 손자쯤 되는 촌놈의 건방진 목소리는 왜 그렇게 신경을 건드렸을까.

쓸개 빠진 놈같이, 배짱도 창자도 다 빠진 허깨비같이, 그야말로 카리브해에서 건너온 한국인같이 술이나 마시며 돈이나 벌며 환자나 보며 이렁저렁 외국서 살자면 얼마든지 산다.

내 나라에서도 그 갑충이들, 외제차나 얻어타고 거드럭거리고, 거부의 나라의 거부의 집보다 더 비싼 집을 짓고 사는 갑충이들 안 보고 속 편하게 한세상 살려면 얼마든지 산다.

얼마든지 산다. 그러나 돌아가신 내 선친의 마지막 下書— 조국에서 가난하게 사는 것만도 애국하는 태도라 생각한다고 하신, 또 박이 박아 쓰신 그 아버지는 외고집인가, 지금도 윤기 있는 머리털

같이 가난한 아버지.

　차라리 한국은 카리브해 한복판에서 북이나 두들기고 살거라. 이놈 장단, 저놈 칼춤에 등이 터진다. 큰 나라 속에서 햇볕 못 보았거든 차라리 한국은 카리브해 한복판에서 물장구나 쳐라.

　—그러나 사흘 만에 거만한 마음으로 돌아왔다. 아버지가 사주신 옷을 입고 돌아왔다.

설 경

안정한 부부에게
불안정한 눈 내린다.

내 전공의 책장에는
다시 정리되는 함수론.

떠나 살면서
더욱 깊이 느낀다.

군대에서 보낸 난세의 처신을
시집간 손 밑의 누이는
아직 손짓하지만,

참으로 인생을 절약하는 자의
말없는 관계 속에
밤새 눈 내리는구나.

기억에도 희미한 그 해의 暖冬,
떠나는 어깨에 쌓이는 눈,
의미 없이 들리던 후기의 사중주
오, 밤새 눈 내리는구나.

장난감

내 소싯적 장난감은
2차 대전 끝에
쓰레기가 되고
6·25 사변에는
호박죽을 먹고
진흙을 뭉개고 놀았다.
그리고 허기차 쳐다보는
여름 하늘 구름.

내 아가야,
어깨가 늘어져 퇴근하는
아빠를 맞는 아가야,
네 눈웃음은 이제
유일한 내 장난감이고
나는 네 장난감을 굴리는
빈 풀밭이다.

네가 잠든 후에도
쉽게 잠들지 못하는
빈 풀밭이다.

책 장

　목판을 사서 페인트 칠을 하고 벽돌 몇 장씩을 포개어 책장을 꾸몄다. 윗장에는 시집, 중간장에는 전공, 맨 아랫장에는 저널이니 화집을 꽂았다. 책을 뽑을 때마다 책장은 아직 나처럼 흔들거린다. 그러나 책장은 모든 사람의 과거처럼 온 집안을 채우고 빛낸다.

　어느 날 혼자 놀던 아이가 책장을 밀어 쓰러뜨렸다. 책장은 희망 없이 온 방에 흩어지고 전쟁의 뒤끝같이 무질서했지만 그것은 더 이상 흔들리지 않는 가장 안전한 자세인 것을 알았다. 그러나 우리는 안전하지 않다.

　나는 벽돌을 쌓고 책을 꽂아 다시 책장을 만들었다. 아이는 이후에도 몇 번이고 쓰러뜨리겠지. 나는 그때마다 열 번이고 정성껏 또 쌓을 것이다. 마침내 아이가 흔들리는 아빠를 알 때까지, 흔들리는 세상을 알 때까지.

두 개의 일상

익숙지 못한 저녁 이후에는
커피잔에 뜬
바흐의 음악을 마신다.

서양에 몇 해 와서야
진미를 감촉하는
요원한 거리.

그만한 거리를 두고
가물에 피부가 뜬
전라도 한끝의 전답이
묵은 신문에서 살아나와
갑자기 내 형제가 된다.

죽으나 사나 형제여,
당신의 그림자는 길고 여위다
그 변치 않는 그림자를
황급히 주머니에 쑤셔넣고
천장이 높은 파티에 참석한다.

밤에는

구겨진 내 그림자를 꺼내어
잊어버린 깃발같이
흔들어본다.

두툼한 부피의 주머니를,
내 그림자의 음악을
요즈음은 불편하도록 실감한다.

무용 2

1
당신은 시종
맨발로 무용하지만
우리 어머니,
겨울눈도 뿌리는데
동대문시장에서
구제품 구두를 사 신고
출퇴근 버스에 밟히면서
꿈같이 꿈같이 무용만 아는 어머니.

2
不隨意. 근육이 수축한다.
위궤양을 앓던 대학 시절,
우리의 막간은 길고
모든 계획은 뿌리뽑혔다.
당신이 올린 두 팔에 모이는
수만 메가 볼트의 靜止熱.

3

무대를 올리기 전에
상면의 시간과 장소를 확정할 것.
조명의 시가지를 벗어나는,
이렇게도 좁았던
생활의 반경을 벗어나는
천사들의 오락.

겨울 이야기 3

건넌방 솜이불 속
단내 나는 구들장을 그리며
두 칸 방을 주름잡는
이마 시린 외풍을 그리며
외도를 그리며
발치에서 겨울 먼지 먹은
매화의 조그만 얼굴을 그리며
늦잠 끝에 나는
장롱의 늙은 쌍학을 그리며
밖에 나가면,
김치독 속의 곰팡이를 그리며
맞아, 쪼그리고 앉은 무릎에
이씨 조선의 곰팡이.
겨울이 오기 전의 아버지,
꼿꼿이 누운 골패짝에
흔들리던 양반의
새끼손가락.

겨울 이야기 4

새벽 세시의
고공
비행기.
불면증 빛나는
겨울 유리창
밖의 달빛.
수시로 흔들리는 체온.

물빛에 젖어 말이 없는
전생애의 과정을
너라도 부감하면
놀라우리.

잠자리에서는 자주
찬 꿈이 언다.

풀 꽃
──영태에게

너는 나를 움직인다.
밤이거나 혹은 바람 불 적마다
내 목을 가로 젓게 한다.

지천으로 핀 풀꽃의
이름은 아직도 모르지만
한 줄의 목마른 물이 되어
기억의 몸 속을 헤엄친다.

그렇구나.
짓밟혀진 꽃은
뿌리가 깊다.
어디고 깊은 곳에서는
모두 빈 가슴으로
힘들게 산다.

피해 없이는
사랑할 수 없구나.
피해 없는 것은
수채화일 뿐,

내 정신의 교외에서
지금도 흔들거리는
풀꽃같이.

목욕탕에서

물이 물을 씻는다.
부드러운 물이
단단한 물을 비빈다.
당신의 부드러운
몸을 비빈다.

우리들의 사랑도
물이었다.
거울에 보이는
육신의 굴곡,
명확히 보이지 않는 외로움.

목욕을 마치면
비 마르는 주일 오후에
명륜동 골목을 빠져나가는
무지개같이,
다섯 색깔 정도의 무지개같이
가볍고 산뜻한 현기증같이.

물이 물을 씻는다.
투명한 물이

투명하지 않은 물을
비빈다.

시간의 과거와 지금이
속살거리는 목욕물 소리,
내 육신의 모든 부분이
차고도 투명한 물이 다시 되어
명륜동 2가나 3가에 내리는
초겨울의 비.

우리들의 사랑도
물이었다.
지금 체중에도
남아 있는 온기.

미스터 제임스 밀러에게

영등포를 안다고 하지 마라.
네 묘한 조소로 끝나버리는
영등포가 아니다.
영자도 순자도 봉순이도 있겠지만
맘마상 어쩌구로 끝나버리는
영등포는 아니다.

피란을 가서 장바닥을 싸돌고
꿀꿀이죽으로 배를 채워보면 안다.
토마토가 고깃덩이가 휴지 조각이 함께
부글부글 오장이 끓던 꿀꿀이죽,
그 맛을 음미해봐서 안다.

다시는 고생 안 하리라고
낡은 열차에 실린 還都,
비록 어두웠고 열차는 오래 서 있었지만
도강증, 도강증, 도강증
내 열몇 살 핏기 없는 희망이
거기에 아직도 오래오래 남아 있다.

영등포를 안다고 하지 마라.

명랑한 가발 공장도 섰겠고
입체 교차로가 드라이브에 좋다지만
내 군대 3년의 영등포에는
소주와 한기만이 있었다.
초조와 열등감이 빗물에 늘어져 산발하고
공연한 내 정신의 무질서를 밤마다 토하고 나서
오만하게 모든 의미를 구둣발로 차버리던
그리고는 창피해서 골방의 이불을 덮던
우리들의 참으로 귀하고 진하던 시절.
행방불명이 된 우리의 한기가
닳아빠진 보도나 문방구점 근처로
아직도 서성거리고 있을 거다.

영등포를 안다고 하지 마라.
고국을 떠난 지 벌써 수년,
모든 미스터 제임스 밀러여
내 상기되고 떨리는 목소리는
스무 살의 네 혈기 앞에서 중심을 잃는다.

善終 이후 1

1

밤에만 몰래 박꽃이 피더라.
나이 들어 청명해지는 보름달,
아버지 만년의 불면증은
슴슴하게 숭늉 대접에도 보이고
몰래 숨어 보기에
오히려 마음 어두워지더라.

겨울에는 창호지 덧문을 닫고
질화로 잿가루를 자꾸자꾸
손끝으로 찍어내시더라.
불 꺼라, 이제 자자.
어두워서 잘 안 보이는 세상에서
크고 작은 세상의 煙滅.

2

당신을 본다.
당신을 본다.

만리 외국의 봄날 아침
낮은 안개의 속살거림,
밤새 흩어진 무변한 외로움을
두 손으로 빗어올리고
맑은 날 비상하는
새 한 마리.

善終 이후 2

1

피곤히 누우신 땅 주위로
작게 풀꽃으로 손짓하시다가
당신 영혼은 밤에 잠시
내 책상가로 산책 오셔
말씀을 주신다.
먼 길에도 숨결 고르시고
이승의 소리보다 몇 갑절 맑고 가볍게
당신은 미소하신다.
내 종신토록 더욱 가깝게 보이는
당신의 고운 늙으심.

2

등을 돌린다.
모든 사물의 의미에서
몸을 돌린다.
냉기의 잠자리가

아쉬운 꿈을 해산시킨다.

냉정하라.
꿈에 냉정하라.
문득 지표에도 없는 강산이
가슴 위에 서늘하게 선다.

善終 이후 3

당신의 웃음은
무기 물질이다.
불 태워도 타지 않고
땅에 묻어도 도저히
변하지 않는
불멸의 악곡이 되어
깊이깊이 연주되는.

당신의 웃음은
내 거실의 창밖이다.
내가 당신을 내다볼 때
당신은 풀이 되고 나무가 되고
바람, 안개도 하늘도 되는,
당신의 웃음은
어디에 가도 멀리 둘러싸는
내 풍경이다.

음악회

1

드뷔시의 등에
눈이 또 내린다.
1950년대의 막역한 친구들이
골방의 외로움을 털고 일어나
백합을 본다.
젊은 여자는 대체로
동양이고 서양이고
나신이 더 매력적이지만
백합보다 어린 금발의 꽃을
나는 고정시킨다.

2

청년이 된 데이비드 오이스트라크가
음악회장을 빠져나와
바이올린 모양의 정구채로
창창하게 정구를 친다.
나는 결정적으로 대결한다.

휴식 시간에는
戰亂의 땀으로 젖은
손바닥을 닦는다.

3

내가 술만 마신 군대 시절에
분을 바른 고아들이
합창을 하면서 나를 위문했다.
모가지가 휘어지는 철모를 쓰고
나는 애매하게 위문을 받았다.
시뻘겋게 단 당직실 난로에서
구스타프 말러의 혼이
벌써 석탄이 되어
뜨겁게 뜨겁게 타는 것을 보고
꽝꽝 얼어붙은 지상에도
불꽃이 퍼지기를 몰래 기다렸다.

응 시

내가 내려가는 2병동 북쪽 의자에는
항상 장님 소녀가 그림같이 앉아
두 손을 모으고 미소하고 있다.
발소리에도 열일곱 살쯤의 미소,
2병동 북쪽 어두운 복도에서
소녀는 매일 무얼 보고 있을까.
나는 비행기를 보고 있었다.
나는 책을 보고 있었다.
아니, 나는 다리를 보고 있었다.
술을 마시고 하의를 벗기고,
아니, 나는 물을 보고 있었다.
영등포 로터리에 아침부터 찬비 내리고
나는 비닐우산을 쓰고
간밤 숙취로 식은땀을 흘리면서
진흙탕 군회에 고이는
빗물을 보고 있었다.
모든 것이 갑자기 무거워지고
오랫동안, 오랫동안 나는
빗물을 내려다보고 있었다.

그리고 평화한 시대가

그리고 평화한 시대가 오더라.
두둥 선대의 북소리 들리고
인경 소리 천지에 차고
큰 형제가 어깨를 붙잡고 울더라.
수천 년 같은 말 쓰던
조상들이 흙을 털고 일어나더라.
바다에서 뭍에서 산지사방에서
눈멀고 귀먹고 목숨 잃은
귀신들이 또 미쳐서 만세하더라.
거대한 예감이 나라에 넘치고
익숙지 못한 꽃더미의 진동에
반도의 허리가 어지러워 쓰러지더라.

나는 외국에서 나고 자라고
고국에서 사춘기를 보내고
다시 외국에 나와 있다.
내 사춘기의 여름에 남은 기억은
총과 창으로 죽은 시체들
천, 십만, 백만의 시체가
죽어서 썩어서, 우물 속에서 끓고
장작같이 쌓여서 태워서 탄화하고

그래서 내 사춘기는 탄화하고.
20년이 지나도, 새벽에도 꿈에도
내 사춘기는 우물 속에 빠지고
가해자들의 저음의 합창으로
사춘기의 온몸에는 소름이 돋고.

하룻밤만 지구의를 보며
재어보고, 다시 따져보면
새끼손톱보다 작은 금수강산에는
그 탐욕의 눈이 얼마나 치사한가 보리라.
다시 보며 다시 물어보라.
우리보다 불행한 나라
불쌍한 나라들을 손꼽아보라.
가슴을 쳐도 실패는 내 탓이다.
불행은 우리 탓이냐.

가위눌린 새벽꿈을 깨고
문득 눈물의 흔적을 감촉한다.
누가 모든 細雪을 막을 수 있으랴.

강토의 틈틈이에 죽은 시신,

그 뼛가루와 눈알의 黃燐, 赤燐을 모아
자꾸 꺼지고 자꾸 켜지는
수백만 개 촛불을 밝히리니—

그리고 평화한 시대가 오더라.
고구려의 땅도 발해의 벌판도
마음이 착해서 주어버리고
국립 자연 공원이 된 완충 지대,
그 공원을 뛰어가는 토끼들을 본다.

변경의 꽃

1972년말부터 1976년까지 발표한 시를 모은 시집. 의사라는 직업인으로 미국에 정착하기 시작한 4년여 동안 썼던 시들. 이 시집으로 고국에서 주는 큰 상을 받았지만 돈도 시간도 없어 시상식에는 참석하지 못했다.

첼리스트 1

무릎 사이에 모이는
소리의 힘,
유연한 허리 밑을 통하는
손가락의 열기

여인은 비어 있다.
안아도 안아도
비어 있을 때의 눈.

드디어 공기의 바다를 넘쳐나는
끈끈한 음악,
흔들리는 몸에서
서서히 증발하는
우리들의 화음.

첼리스트 2

고통의 손끝에서 터지는
음악은 아무래도 血戰이다.

이제 기억난다.
모든 것이 처음에는
불덩어리였다.

앞뒤없이 불타던 꽃,
꽃가루의 재.
긴 침묵의 이후에 핀
당신의 신생기.

눈을 뜬다.
내 벗은 몸 곳곳에
무진한 화상의 무늬들.

장님의 눈
―자코메티전

당신은 죽었지만
당신 사랑은 남는다.
사랑 중에서도 가장 질긴
당신의 외로움만 남는다.
그 외로움의 골목길을 돌아가면
장님은 보이지 않는
눈으로 생각하고
당신은 보이지 않는
몸으로 운다.
그리하여 쓰러졌던 우리들은
다시 머리 들고
서로 다른 방향을 향해
일어선다.

아침 출근

이를 닦는다.
지난밤을 닦아낸다.
경황 없이 경험한 꿈들을
하얗게 씻어낸다.
모든 밤의 장식을 씻어낸다.

밥상 앞에서도
허황하지 않기 위해
몇 번이고 되풀이하는 동작으로
숟가락에 담는 현실.

출근, 출동 혹은 충돌!
하루의 모든 충돌이
빛이 되기를 기대한다.
상처가 만져지기 시작하는
우리들 나이의 이마.
피 흘리지 않고 모든 충돌이
불이 되어주기를 기대한다.

정신과 병동 2

몸 속을 씻기 위해
양잿물을 마신
협착된 식도의 길을 걸어
우리는 만난다.

기교파가 되어가는 손,
고백할 수 없는 몸을 씻기 위해
강물에 뛰어든 골절의
아침 세례를 시작으로
우리는 만난다.

우리들 키보다 먼저 자라서
먼저 흩어지는
문명의 연기.
과거의 나이들이 웃고 있는
죽은 역사 속에서
우리는 만난다.

밤 운전

1

그냥 지나간다.
외국의 고속도로의 밤,
정지도 커브도 불가능한
일직선상의 속도.

토끼를 보고 깔아뭉갠다.
운전 좌석의 미미한
진동감, 미미한 감동.
다시 또 한 마리.

그냥 지나왔다.
친구도 고국도 문학도,
서울 골목길을 지나가는
범상치 않은 아우성도.

그냥 지나왔다.
나침반을 단 내 자동차.
그래도 종신의 방향까지
때때로 헛갈리는

한 세계의 무의미.

2

국민학교 시절 성균관 뒷산에 살던 어린 반딧불은 밤 드라이브의 차창에 무진으로 부딪혀 죽고 이스트 바운드 5마일의 표지판. 실용적일 수 없는 성균관 뒷산의 짧고 빛나던 즐거움이 외국의 속도에 죽고 내가 쉴 곳은 아직 보이지 않는다.

죽지 말아다오. 밤 운전에 졸리면 악을 쓰고 부르는 노래나 듣지. 뜸북새도 꽃피는 산골도 보이고, 동백 아가씨부터 전우의 시체까지 모두 불러서, 모두 불러서 목이 쉬면 창밖에는 오래 못 보았던 깨끗한 달이 보이는군.

달이 보인다. 어렵게 가진 친구들아. 켄터키 주 허허벌판에 만나 볼 사람 하나 없어도, 젊을 때 사랑은 그런대로 사랑이고, 달빛에 갑자기 보이는 눈물 역시 그런대로 눈물이다. 내 생애의 뒷산 한모퉁이에 아직도 반딧불 자유롭게 날고, 밤 깊어 더 청명한 달이 뜨는 한.

3

비교하라.
냉장고, 세탁기, 자동 칫솔,
신문 광고는 머리 들고
전면으로 외친다.

그러나 비교할 것은
내게 이미 없다.
남은 것은 단수의 세계,
단수의 조국, 단수의
가족, 그 하늘 아래 사계절.
다를 수 없는 바람이 분다.

비교하라.
어두운 겨울 저녁, 또다시
낯선 도시에 들어서는
우리들의 소리없는 흐느낌.

善終 이후 5

혼자 계신 아버지를 꿈꾸다
잠이 깬다.
새벽 세시의 외국,
문득 창밖에는
오래 내리는 빗소리
내 잔등의 서늘함.

이해하기 힘들었다.
새벽꿈 어두움 속
내 잔등의 서늘함,
몇 해째 뜨거운 맹물을 마신다.
느끼지 못한 눈물이
물컵 위에 떨어진다.

아버지 살아 계실 때는
떠나 있어도 편안했다.
잠 깨지 않은 시간에
돌아갈 짐을 싼다.
넣을 것 없는 보퉁이가
새벽비를 맞는다.

일시 귀국

일시 귀국을 준비하는 손끝에
서울 골목길이 어른거린다.
광화문 막걸리 사발이 보인다.
담배값도 버스값도 냉면값도 모르니
간첩으로 오인받기 십상이겠지만
그런들 어떠리.

악수와 미소로 헤어진 아버지를
이제는 낯선 산자락 산소로 찾아가
눈물로 인사 올리고
아버지 나가시던 성당을,
善終하신 언덕바지 건넌방을
구석구석 어루만져보고.
그리고 많이들 변했을 친구들 만나면
잡아끄는 대로 쫓아가야지
할 수 있나.

대답이 어디 있는지는 몰라도
할 만큼은 열심히 해야지.
그러나 가슴 차지 않는 이유는
너밖에 없다.

보이지도 잡히지도 않는
너밖에 없다.

미술관에서

나신의 조각을 겹겹이 덮은
눈빛 위의 저녁.
많이 젖은 눈동자의 물무늬,
젊은 뇌파가 출렁거리며
요철의 구석구석에서 해일하고.
그 북소리 같은 소리 들으면
엉성한 60년도 초반에 피던
신촌 등성이의 여름 들꽃,
들꽃의 몸부림.

언뜻 보이는 나신의 저녁,
오래 남아 있는
우리들의 착각.

무반주 소나타 1

복잡한 사거리에서, 혹은 세상에서
연쇄 자동차 사고가 나고(혹은 사람들이)
운전사들이 내려
서로 삿대질하고 욕을 하고(혹은 사람들이)
서로 남이 잘못하고
나는 잘했다고 떠드는 것을 보다가
(혹은 사람들이, 사람들이!)
충돌 사고와 행인의 피는
자꾸 흘러서 우리들 사이에 엉기고
(혹은 사람들이)
결국 싸움은 간신히 말렸지만
그는 계속 피 흘리고 있었다.
(혹은 사람들이, 사람들이, 사람들이!)

무반주 소나타 2

아우성치고 있었다.
다방에서, 술집에서, 사무실에서
도저히 분간할 수 없고 들을 수 없는 소리로
아우성치고 있었다. 그 위에
집들이 아우성치고 있었다.
무너지지 않기 위해, 그 위에
구름이 또 아우성치면서 어둡게
비를 쏟고 있었다. 그 위에
기억하세요? 오래 전이긴 하지만,
구름 위로 우리가 올라왔을 때
모든 아우성이 빛이 되던 것을,
모든 소리가 빛이 되던
눈부시던 신비를 기억하세요.
꼭 기억하세요.

불면의 시절

다시 밤잠을 못 자게 해다오.
손에 땀을 쥐고 기대하던 열망으로
잠을 못 이루던 때의 얼굴을.

쉽게 잠들지 못하던 밤에
눈앞에 구슬같이 모이던 나라,
문학도 흙도 당신도
다시 살아나 은밀하게 말을 거는
귀중한 생각의 시간을 돌려다오.

돌려다오, 우리가 늙지 못하던 시간을,
머리 위에서는 한 실상이 되어 끓는
뜨거운 변화의 황홀을 돌려다오.

계신기로는 간단히 결산되는 이름,
그 이름의 배경을 빠져나오는 미분자,
불면의 밤의 꽃들을 돌려다오.

가을 敍景

　첩첩 깊은 산중 한구석에서 소리치고 찾아헤맨다, 비 맞고 눈 내리고 바람 부는 온 계절을 헐어가는 짐승이 되어. 눈은 달아서 흐려지고 발은 피멍이 들었네. 해가 바뀌고 아직 다 늙기 전에 나는 참다가 이 가을에 모닥불을 붙인다. 바람이 분다. 불이 넓게 붙는다. 온 산에 외롭고 고달픈 영혼이 모두 불탄다. 산도 타고 나도 타고 천지를 깨끗이 한 뒤, 드디어 내 눈에 당신이 보이고 내가 연꽃의 밤낮을 뛰어 우리는 만나고 어루만지고 포기하고. 그러나 결국은 모두 타서 숯이 되어 우리가 손잡고 있으면 한 천년쯤 뒤에 그 숯을 태우는 젊은 애인들이 우리가 아직도 밝고 뜨겁게 타는 것을 보고 무서워하리라.

내 심장에서 당신의 메아리까지

우리들의 슬픔은
그늘이다.
지워지지 않는 상처의 사랑,
옛날에 옷 벗은 우리들의 상처도
메아리다.

오늘은 그늘에서
비가 잠을 잔다.
잠속에서도
우리들의 몸 속이 젖는 소리.

젖은 나이의 보도 위에
우리들의 낙엽이 흙이 된다.
내 심장에서 흙까지,
오래 울리는 당신의 메아리까지.

불지 않는 바람

1. 봄

같이 술 마시고 헤어진 다음날 네 갑작스런 죽음의 소식을 듣고 봄철의 산등에 너를 묻을 때, 나는 큰 꽃씨를 심듯 혹은 싱싱한 구근을 심듯 조심했다. 꽃나무로 자라든가 숲이 되든가 하리라.

수년 후 다시 찾았을 때 볼품없는 풀떼만 듬성이 덮이고 네 이장으로 땅을 파 등뼈를 추리고 조선 종이에 말아 뼈를 닦아낼 때 번호대로 소리내는 바람 속에서 외로웁더라. 네 웃음이나 사랑은 다 어느 꽃에게로 옮아가버렸는지, 몇 해 묵은 네 머리털만 벌써 안정하여 향방 없는 바람에도 흔들리지 않았다.

2. 여름
――의사 培薰이에게

가끔 보스턴 교외
찰스 강에 나가는 네 눈은
의과 대학 여름 방학의
고학의 쌀배달
자전거를 타기도 하고.

닦지 않은 음악의 재질은
가벼운 찰스 강 물살밖에 안 되어
답답하면 네 아내와 아이들의 눈,
속에서 흔들리는 바람 소리나 듣고.

적당히 꾸려지는 세상의 안팎,
모가 나면 끌로 깎아 날려버리고
깃발 날려야 열 치도 안 되는 높이에서
여름의 그림자조차 희미한
황해도 네 고향, 들꽃에서 피는 바람.

3. 가을
──폴 클레전

바람이 분다.
뉴욕 혹은 서울에서
미술관 혹은 대리석 층계의
반사.
거꾸로 매달리는 몸무게,
앞뒤의 색이 다른 꿈.

곡선보다 더 가느단 미소를
화폭에 한 줄씩 채우면서
천천히 행복해지는
우리들의 눈.

혹은 육이오 이전에도
바람이 자던 만화 가게,
단색의 4·6판짜리 꿈.
그 꿈이 점점 어두워진다.
우리들의 인연이 멀어진다.

4. 겨울
―― 브라크 Braque 전

석질의 토르소,
구도 뒤에 남는 흙,
시멘트보다 단단한 사과.
때때로 모든 정물이 살아나서
동양풍의 춤을 추는
기대 이상의 자유!

나도 그렇게 걷고 싶었다. 헤어지는 인연에도 오만하게 강철보다 무거운 한계선을 긋고, 물샐틈없는 방어. 쉽게 떨지 않는 겨울철의 바람처럼 걷고 싶었다.

전 화

당신이 없는 것을 알기 때문에
전화를 겁니다.
신호가 가는 소리.

당신 방의 책장을 지금 잘게 흔들고 있을 전화 종소리, 수화기를 오래 귀에 대고 많은 전화 소리가 당신 방을 완전히 채울 때까지 기다립니다. 그래서 당신이 외출에서 돌아와 문을 열 때, 내가 이 구석에서 보낸 모든 전화 소리가 당신에게 쏟아져서 그 입술 근처나 가슴 근처를 비벼대고 은근한 소리의 눈으로 당신을 밤새 지켜볼 수 있도록.

다시 전화를 겁니다.
신호가 가는 소리.

비밀 1

나도 비밀을 가지고 있다.
그러나 비밀은 죽을 수가 없으니까
오래 숨막히게 숨겨온 비밀은
우리가 죽으면 어디로 갈까.
몸을 빠져나와 꽃에게 갈 것이다.
꽃잎이 아니고 그 향기에게 갈 것이다.

땀에 절어도 늙지 않는 비밀은
죽을 줄을 모르니까
해방이 되어 불이 될 것이다.
그래서 우리가 마침내 잠들어도
세상은 아직 밖에서 밝게 빛나고
비밀은 묵묵한 장님이 될 것이다.

비밀 2

우리들 비밀은 갈대밭이야.
바람보다 더 가벼운 갈대밭이야.
아무리 흔들려도 소리내지 않는
꺾어진 빈 대궁이의 없는 공기야.
그래서 그것은 보이지도 않고
우리를 미행하는 그림자일 뿐,
미행하는 그림자의 없는 흔적이야.
겨울이 또 우리를 지나가는군.
안식의 깊은 겨울은 다 어디 갔는지.
이제는 말없이 매해 추위에 떨 뿐이지만
우리는 알아, 또 눈부시게 믿고 있지.
드디어 저 환한 비밀의 눈뜸.

내가 다시 영혼의 목마른 자유인이 되어
당신의 끝없는 갈대밭을 헤쳐가다가
내 눈을 뜨게 하는 당신의 몸짓.
꺾어진 비밀의 진한 육질이 흘러도
눈감지 않는 우리들의 어리석음이야.

비밀 3

비밀은 어디에 숨어 사는가.
보이지 않는 두 눈,
다갈색의 눈 속의 집,
우리들의 비밀은 다갈색이다.

그래서 우리 영생의 조각가는
수십 년 비밀같이 작아지면서
눈만 만들다가 눈이 부셔 죽었지.
그 무덤 근처를 걷는 비밀들의 속삭임.
불을 밝히는 우리들의 정체.

비밀은 어디에 숨어 사는가.
너와 나의 눈,
한세상의 속된 눈감음.

1975년 2월

1

고국에서는 방학이 끝나가고
오하이오 주는 아직도
눈 덮인 기찻길.
건널목에 서서
한끝으로 아득히 긴
서울 우리 동네의 눈.
멀리도 와서 올려보는
고국의 눈보다 더 높이서 내리는
우리들의 외로움보다
더 높이서 내리는 눈.
보이지 않는 차가운 관계 속을
나는 종일 헤맸다.

2

밤에는 눈바람이 창문을 친다. 외국의 눈바람 소리는 살수록 더욱 어둡고 크다. 고국에서 내 친구가 혼자 소주 한잔 들고 우는 요즈음의 울음이, 오늘밤 내 창문 밖에 도달해서 눈바람 소리로 들린다. 조용할 수 없는 이 밤을 깨운다. 미안하다, 미안하다. 그리고 아무도 잘못이 없다는 이 커다란 확신의 목소리.

겨울 망중한

일과대로 저녁눈이 온다.
일찍이 온 어두움이
껍질째 거리에 눕는다.
침묵의 손으로
공기의 무게를 구속한다.
물기가 되는 부정형의 자유,
우리는 두려워하면서 만났다.

한떼의 새가 눈을 감는다.
방향이 무너지는 비상의 곡선.
손으로 닿을 수 없는 곳에서
모든 절망이 날린다.
겨울 저녁 내내
아득하게 가벼운 빈혈의 몸으로
자꾸만 작아지는
우리의 반경을 산책했다.

구름을 네게 주면서

이 구름은 비가 될 거야.
산골에 내리는 빗물은
초여름에야 물소리를 내기 시작할 거야.
처음 내는 소리는 작고 어색하겠지만
시냇물 먹고 자라는 산새야.
네가 다 자라기 전에 죽어서 흘린 피,
땅 밑에 젖어들어 빨간 산꽃이 되고
산꽃이 썩어서 어지러워지고.

그러나 우리는 철저한 형식주의자,
곧 어두워지겠지.
어두워지기 전에 빨리 떠나자.
정지된 모든 것은 죽음,
사랑은 단순한 놀라움이니까.

구름을 네게 주면서
산꽃의 구름을 네게 주면서.

변경의 꽃

우리들의 의욕이 조금씩
무너지고 있었다.
무너지는 흙 속에서
우리들은 매일 아침 눈떴다.
그러나 씨를 맺기 전에
바람에 날리는 꽃.

모든 열성의 꽃은
바람이다
모든 열성의 꽃은
바람의 연료다.

변경의 내막은
아직도 아픔이다.
만날 수 없는 망설임이
모두 깃발이 되어
높은 성루에서 계속
꺾이고 있었다.

우리들 몸 안에서 끝나는
열성 인자의 사랑.

아프지 않고는 아무도
불탈 수 없다.

외지의 새

1

가까이 기대와
내가 만져줄게.
확실히 서 있던 두 귀 끝이
이제는 기운 없이 늘어지고
외면해도 젖은 눈시울은
내가 닦아줄게.

아무도 이해 못 할 거야.
갈수록 안정되는 생활
불안정한 외지의 정신.
이해 못 하는 당신은 이리 와,
윤기 없는 날개지만
마음에만 보이는 상처를
내가 덮어줄게.

2

언제부턴가 매일 흐릿한 새벽 추운 창문가에 와서 내 잠을 깨워

주는 아침 새여. 귀환의 날을 놓친 후부터 삐삐삐 단조한 울음으로 하루의 시작을 알려주는 새여. 형상할 수 없는 고통을 대신 울어주는, 울어서 얼어붙은 하늘로 날려보내 구름을 만드는 새여. 나는 너를 볼 수가 없어. 무너지는 모든 것을 혼자 힘으로는 감당할 수 없어.

작곡가의 이상한 시도

1. 구성

한 친구는 저기에
한 친구는 저기로
한 친구는 위에
한 친구는 바깥과 안에
한 친구는 돌이 되고
두 친구는 셋이 되고
세 친구는 물이나 불,
나머지 한 친구는 나다.
걷잡을 수 없는 나다.

2. 주제

벗어라, 벗어다오.
우리가 젊었던 시절의 몸을
내게 벗어 전시해다오.
참을 수 없는 네 입과 혀의 소리,
난시의 유방과 허리 솜털을.

내 강력한 뼈의 밤은 서서
혼돈과 무질서의
춤을 춘다.

안이 들여다보이는 음악
감각의 몸살을 앓고 나서
서서히 벗겨지는 네 피부의 색감.

벗어라, 벗어다오.
우리가 소리칠 수 있는 몸을
상세히 들을 수 있게 벗어나오.

3. 부제

  우리들의 손이나 발가락이 그대로 맹물과 흙이 될 날이 길어야 오십 년이 안 되는 것은 알고 있겠지. 그래도 끈질기게 남아 희망을 줄 만한 것은 둥근 머리뼈. 그 깊은 계곡에 맑은 물이 넘쳐 피곤한 하루를 쉬게 하던 곳, 오늘은 이곳도 다 쓸려가버리고 흰 공간의 뼈를 흔들면, 폭설이 오는 밤의 바람 소리가 어둡게 들린다. 아무것도 보이지 않는다. 아무것도 보이지 않는 곳에서 순수한 소리는 젊게 산다.

4. 발성법

기그규구교고겨거갸가
하호히, 하호히, 히호하
이 오이 아 오우오우
파퍄퍼펴포표포표.
살아가는 공식은 각자 발성하기.
어릴 때부터 아름다운 우리나라
내가 낡은 골목마다 나냐녀
소쇼수 성량이 줄어들고 있다.

5. 변화

모든 색깔이 합쳐서
흰색이 된다.
모든 소리가 많으면
아무것도 들리지 않는다.
경험해보면 안다.
우리들의 모든 대화는
긴 침묵이었다.

나를 보지 말아다오.
그냥 풀같이 살게,
일어나지 말아다오.
모든 소리가 잠깨지 않게.

6. 아침 안개

아침 안개의 조용함,
깊은 안개는 언제나
우리들의 인식의 침전.
작은 발광이 용서되는
먼 곳의 아침.

우리가 깊이 사랑한
둘 사이의 강물이
경련한다.
우리의 믿음이
재가 되어 남는다.

유리의 도시

반백이 되어가는 겨울에도
움직이지 않는 도시,
유리의 바람을 호흡하고
유리의 피를 토한다.
보이지 않는 유년의 옷자락이
주름살을 남기고 흩어진다.

내가 사는 외국의 도시는
반응이 없는 뼈마디,
흔적의 상처만 오래오래 살아서
나머지 반생을 지켜본다.

이제는 유리에 찔려도
피나지 않는 피부,
피나지 않는 영혼
둔감해진 나이의 아픔이
떠나온 도시에서 퇴색한다.

약 속

1962년인가, 가을이었긴 하지만
경기도 고양군 손에 가득한 햇볕,
그 관사 앞에 핀 코스모스들에게
그해에 내가 약속한 게 있지.
졸업하면 나도 이 근처에 나와서
배운 재주로 꽃잎이라도 갈아
병난 아이들 돌보고 노래나 부르고.

천지의 정적이 잠자던 낮
새로 산 청진기를 목에 걸고 서서
그해에 내가 약속한 게 있시.
비록 이제는 갈가리 찢어졌지만
그 피는 아직도 내 몸에 숨어 흘러
가을이었긴 하지만 타국에서도
꽃잎에 앉아 있는 손이 보이고.

비 오는 날의 귀향

1

비가 오는구나.
멀리 보이는 내 나라에서
예감의 실이 나를 감는구나.
어느 계절이면 어떠랴
젖어보자.
이제는 아무도 기다려주지 않는
귀향의 저녁 어두움.

2

기억해두자, 나를 납치한 내 나라보다 더 큰 것에 대한 미련. 기억해두자, 계산 없이 고개 숙인 내 등뼈의 체념, 안락의 의자를. 얼굴은 눈치만으로 화장되고 희미한 동자같이 방향 감각을 잃어도. 기억해두자, 내가 광활한 외지의 벌판에서 바람처럼 살다가 인연 없는 땅에 묻혀 드디어 메마르고 외로운 한 가지의 소리가 되어도. 기억해두자, 내가 같이 시작한 꿈, 같이 자란 꿈, 내가 집어던져버린 꿈, 다시 집어서 같이 늙어가는 꿈, 같이 돌아가는 꿈.

病後의 루마니아

1

내가 태어났다고 해보자.
흑해를 향한 작은 도시에서
자라났다고 해보자.
젊어서는 여자를 사랑하고 외식도 하고
늙어서는 베레모를 쓰는군.
신작로는 신작로, 대로는 대로,
다를 것 하나 없는 흑해의 도시에서
죽었다고 해보자.

2

내 신경의 가지에 매달린
몇 개의 열매도
무거웠다.
내 여정의 아무 곳에서도
설익은 것은 쉽게
발견할 수 있었으니까.

생각할 것도 없지,
바빠서 구원받을 수 없는
오히려 날아다니는 새야.
病後에 필요한 것은 너야,
끝없이 다시 떠나는 새야.

오늘의 패자
──병익이에게

오늘의 패자는 너고
내일의 패자는 나다.

네 지혜는 요즈음 물거품되고
네 가슴에 꽂힌 물거품의 화살은
늦게야 내 원만한 식탁에 도착해
겨울 튤립으로 피어나서
가슴 저린 은은한 패자의 향기.

밤의 밤이 어두워져도
오늘은 네가 꽃이 되고
내일의 패자는 나다.

꽃의 이유

1

어서 이리 오세요.
젖은 입으로 말해줄 때
나는 잠시 소년이 되어
당신의 나무에 오르는 이유는.

2

하느님의 꽃,
풀잎의 하느님.
살아 있는 꽃보다
꽃병에 선 꽃이
더 빛나고 아름다운 이유는.

3

그래서 우리도 헤어지고 말았네.
맹목이 될 수 없었으니까,

세상은 현명한 것보다 더 길군.
다시 머리를 빗질하고
바로크의 음악을 듣는.

안 보이는 사랑의 나라

1980년에 '문학과지성사'를 통해 나온 시집. 여기에서는 『평균율』에 실렸던 시를 빼고, 당시 검열에 의해 삭제됐던 두 편의 시를 다시 넣었다. 출판사 덕에 책이 많이 팔렸고, 아직도 가끔 다시 찍고 있다고 들었다.

그림 그리기

그림 그리기를 시작했다.
겨울같이 단순해지기로 했다.
창밖의 나무는 잠들고
形象의 눈은
헤매는 자의 뼈 속에 쌓인다.

항아리를 그리기 시작했다.
빈 들판같이 살기로 했다.
남아 있던 것은 모두 썩어서
목마른 자의 술이 되게 하고
자라지 않는 사랑의 풀을 위해
어둡고 긴 내면의 길을
핥기 시작했다.

성년의 비밀

최후라고 속삭여다오.
벌판에 버려진 부정한 나목은
알고 있어, 알고 있어,
초저녁부터 서로 붙잡고
부딪치며 다치며 우는 소리를.

목숨을 걸면 무엇이고
무섭고 아름답겠지.
나도 목숨 건 사랑의
연한 피부를 쓰다듬고 싶다.

날아도 날아도 끝없는
성년의 날개를 접고
창을 닫는다. 빛의
모든 슬픔을 닫는다.

꽃의 이유 2

내가 난 해는 1939년이지만
그보다 7, 8년 전 내가 살던 곳에는
귀 아무리 기울여도 들리지 않는
가는 비가 며칠째 내리고 있었다.

나는 그러니까 창문이었겠지.
보랏빛 꽃이 안개같이 많이 보이고
빗속에서 그 꽃이 지고 있었다.
나는 문득 튼튼한 사내가 되고 싶었다.

무용 5

몸을 움직일 때마다
깊고 진하게 귀에 들려오는
소리를 들은 적이 있어.

고통받고 있는 것 알면서도
평화는 돌아와주지 않던
무용수의 절망을 본 적이 있어.

몸부림칠수록 작아지고
어두움이 두껍게 칠해지던
무용수의 꿈을 본 적이 있어.

두 팔을 높이 올렸다,
두 손을 폈다,
머리를 치켜들었다,
온몸을 흔들었다,
어둡다, 어둡다,
흔들다가 쓰러졌다가
다시 일어났다.
무대의 전면이 흔들리고
소름끼치게 무서운

무용수의 자유를 본 적이 있어.
두 눈에서는 불빛이 뻗던
자유의 뜨거운 얼굴을 본 적이 있어.

바람의 말

우리가 모두 떠난 뒤
내 영혼이 당신 옆을 스치면
설마라도 봄 나뭇가지 흔드는
바람이라고 생각지는 마.

나 오늘 그대 알았던
땅 그림자 한 모서리에
꽃나무 하나 심어놓으려니
그 나무 자라서 꽃피우면
우리가 알아서 얻은 모든 괴로움이
꽃잎 되어서 날아가버릴 거야.

꽃잎 되어서 날아가버린다.
참을 수 없게 아득하고 헛된 일이지만
어쩌면 세상의 모든 일을
지척의 자로만 재고 살 건가.
가끔 바람 부는 쪽으로 귀기울이면
착한 당신, 피곤해져도 잊지 마,
아득하게 멀리서 오는 바람의 말을.

겨울 약속

당신 허리 근처를
물어주겠다.
안식의 나이가 되면.

장갑을 껴도 까칠하게 트는
내 불면의 겨울손으로
당신 등을 쓸어내리겠다.
오래 내리겠다.

겨울밤의 정적 속으로
매해 참아오던 폭설처럼
당신을 덮어가겠다.

당신 귀에 입을 대고
당신 입은 목에 대고
노래의 잔털도 보여주겠다.

그 겨울이 아무리 추울지라도
눈물은 눈물끼리 섞이게 하고
물은 물끼리 흔들리게 하고.

나비의 꿈

1

날자.
이만큼 살았으면 됐지.
헤매고 부딪치면서 늙어야지.

(외국은 잠시 여행에 빛나고
이삼 년 공부하기 알맞지
십 년이 넘으면 외국은
참으로 우습고 황량하구나.)

자주 보는 꿈속의 나비
우리가 허송한 시간의 날개로
바다를 건너는 나비,
나는 매일 쉬지 않고 날았다.
절망하지 않고 사는 표정
절망하지 않고 들리는 노래.

2

그래서 절망하지 않은 몸으로
비가 오는 날 저녁
한국의 항구에서
당신을 만나고 싶다.
낯선 길에 서 있는 목련은
꽃피기 전에 비에 지고
비 맞은 나비가 되어서라도
그날을 만나고 싶다.

몇 개의 허영

외국에 십 년도 넘게 살면서
향기도 방향도 없는 바람만 만나다 보면
헐값의 허영은 몇 개쯤 생길 수 있지.

호박잎 쌈을 싸먹고 싶다.
익은 호박잎 잔털 끝에
목구멍이 칼칼해지도록.
목포 앞바다의 생낙지도
동해의 팔팔한 물오징어도.

배가 부르면 마라톤도 뛰고 싶다.
6·25 전이었기는 하지만 매일 저녁 맨발로 뛰던
우물집 세천이와 생선 가게 광수랑 같이
창경원, 돈화문, 종로 삼가, 사가, 오가
숨이 차서 돌아오던 혜화동 로터리쯤.

이젠 그런 세월이 아니라면
산보라도 하고 싶다.
유난히 이쁜 계집애 많던 명륜동 뒷골목을
아침이나 저녁이나 비슷하게 끓던 골목,
팍팍한 그 된장찌개도 먹고 싶다.

이제 알 듯도 하다.
돌아가신 선친이 다 던지고 귀국하신 뒤
아쉬움 속에서도 즐기시던 당신의 가난을,
가난 속에서 알뜰히 즐기시던 몇 개의 허영을.

개구리

1

예과 시절에는 개구리 잡아 목판에 사지를 못박고 산 채로 배를 째고 내장을 주물럭거리며 이것이 콩팥, 이것이 염통, 외워도 봤지만, 개구리 뱃속의 구조를 알아보아야 사실 그게 개구리와 무슨 상관인가. 개구리는 자꾸 일찍 죽고 싶었겠지.

그때는 논밭이었던 불광동에 나가 개구리 잡아 삶아서 뼈를 추리고 그 뼈를 다시 탈색시키고 흰 매니큐어로 관절을 붙였지만, 그 희고 아름답고 향기로운 골격도 역시 개구리와는 상관없는 것이었군.

잘 가라. 눈에 문득 보이는 몇 개의 꽃들, 그 시절에 피 흘리고 물러나던 몇 개의 꽃들. 서로서로 상관없음을 알고 난 후에도 세련되지 않았던 우리들의 아름다움과 용기여, 안녕!

2

개구리같이 산다.
배고플 때 먹고 밤 되면 자고

주말에는 뜨거운
찜질이나 하고.

적당히 낮은 물 속
적당히 높은 언덕
흰 머리칼이나 세어보고
잔주름 사이 로션이나 바르고
생각할 것도 없는 임기응변 연습.

목쉰 소리도 씻고 귀도 씻고
가끔 보리털이나 태워
숭늉이나 해 마시면서
맹물같이 있는 듯 없는 듯 사는 연습.

개구리가 되어가는 수수께끼
개구리가 늙어가는 수수께끼.

빙하 시대의 불

1

날씨는 매일 흐렸다.
돌을 다듬던 손은 얼고
대신 빛나기 시작하는
날카로운 돌의 이빨을 본다.
길고 긴 빙하 시대.
도처에는 피할 수 없이
얼음산의 얼굴 커지고
불타다 남은 그림자를 거두어
소리 없이 어는
우리들의 뼈를 덮는다.

2

아껴라, 아껴라,
시대의 불.
살벌하고 냉엄한 때가 온다.
날카로운 석기의 연장도 재가 되고
불과 나의 대화가 끝날 때까지,

원시인의 눈물로도 감출 수 없던
어둡고 긴 밤의 우리들의 넋.

잊지 마라,
낮게 타는 불은 산 위에 서고
빙판에 붙는 불은
우리들의 끝없는 대답이다.

새로운 소리를 찾아서

1. 소리의 발단

의학적으로 말하자면, 소리는
작고 큰 공기의 흔들림이
세 개의 흰 뼈의 다리를 지나
드디어 맑은 물에 닿을 때
피어나는 것.

정확하게 말하자면, 소리는
당신 가슴의 많은 떨림이
길고 은근한 여행에서 돌아와
드디어 벗은 몸의 밝은 눈을 뜰 때.

2. 새소리

마지막 남은 몇 잎의 낙엽이 총 맞은 작은 새가 되어 핏빛으로 비틀거리며 하강하는 소리 들으면서, 나는 손잡아 세워줄 사람도 없는 어두운 날들을 보내고 있었다. 올해도 여전히 눈 위에서 어는 어려운 새소리.

3. 물소리

소년은 종일 자갈돌을 시냇가에 던졌다. 그리고 그 소리가 천천히 하늘로 오르는 것을 보고 있었다. 저녁이 되어 긴 나무 그림자가 시내의 한끝을 어루만지며 덮는 소리 들릴 때까지, 그래서 이제는 소리가 하늘보다 오히려 물 속으로 가라앉는 것까지 유심히 보고 있었다.

4. 소리의 생태

손바닥에 장못을 박던 소리
발등을 겹쳐 못박던 소리
높고 메마른 입술에서 현기증 일으키며
피 흘리던 사람의 소리 이후

소리를 죽이는 소리,
작은 소리를 치는 큰 소리
큰 소리를 물어뜯는
여러 개의 작은 소리,
쓰러지는 소리,

소리를 흔들어 깨우는 소리
빨리 일어나는 소리.

피 흘리던 사람이 떠난 후
고통을 받는 자는 느낄 뿐
고통의 소리는 나지 않는다.

음악회 2
―피아니스트 페라이어

슬픔의 사랑스러움,
예감의 사랑스러움,
귓속에 가득 차는
소리의 사랑스러움,
발정의 사랑스러움.

사원과 호수와 요리, 혹은
십몇 년 전 명륜동 목욕탕 수증기.
종소리와 숲의 정경, 혹은
서울 근교의 은행나무 이끼,
정경의 아름다움,
환청의 아름다움,
밤늦게 끝까지 들리는
발기한 소리의 아름다움.

음악회 3

근래의 마리지오 폴리니나
그 젊은 친구들의 음성은
이제 귀를 적시지 않고
머리털 끝에 이슬같이 묻어 있다가
내가 어두울 때 이마를 식혀준다.

많은 신경의 구름이여,
한때 못 견뎌한 사람 있었기로니
아직도 무심한 습기의 두 눈으로
깊고 먼 물 건너에서 흔들리기만 하고—

근래의 마리지오 폴리니나
그 젊은 친구들의 율동은
온몸의 상처로만
나를 증거해준다.

수요일의 시

시가 흥허물 없는
친구가 마침내 되어
바람이 불어도 춥지 않고
밤이 되어도 외롭지 않은
은근한 불빛으로 비칠 때까지.

기다리지 못하고 꽃이 피어도
매해 이른봄 수요일이면
有信한 친구가 되어 방문하리니
그때면 내 이마에도 재를 바르고
죽고 사는 이야기는 웃어넘겨야지.

이 길고 긴 갈증의 나날,
이마의 뜨거운 열과 방황이
마침내 재가 되어 날릴 때까지.

즐겨 듣던 음악이

즐겨 듣던 음악이 나무가 되어
수만의 밝고 싱싱한 잎을 흔들면
구식의 서양 하늘을 떠나는 새처럼
떠나다오, 내가 그늘에 안주하기 전
더 많은 나무가 모여 아우성치는 숲으로.

즐겨 듣던 음악이 번개가 되어
추운 밤의 창가에서 불을 밝히면
보인다, 어색하던 그 밤의 인성의 불,
우리들의 건물은 숨은 손 끝에 뜨거워지고
눈에는 눈, 가벼운 구름에는 가벼운 구름
전신으로 마찰하며 소리나던 불.

중산층 가정

아버지는 돌아가신 뒤 주로 금곡 묘지 근처의 언덕을 중심으로 돌아다니시고 때때로 자식 걱정에 잠 못 드시겠지만, 어머니는 십여 년 홀로 사시면서 요즈음은 남의 땅 신혼 시절의 골목길을 걸으신다지. 남동생은 이민 와서 에리호 근처에 자주 나가 어처구니없이 앉아 있다더니 여동생은 시카고 남쪽 흐린 연기 속에 무얼 하고 있을까.

한때는 우리도 따뜻한 중산층 가정이었다. 명륜동 집에서 매일 머리 맞대고 얼간 꽁치로 저녁을 먹고, 모여 앉아 텔레비 연속극도 보고 가끔은 식후의 과자도 나누어 먹었다. 십 년이 겨우 넘은 시간—십 년의 폭탄은 우리를 산산이 깨뜨리고 나는 한쪽 파편이 되어 태평양 건너에서 굴러다닌다.

그렇다. 파편이라는 뜻을 버릴 수 없다. 긴장의 순간에 빛나던 시간은 사라져버리고 너 이상 소리낼 수도, 폭파될 수도, 불을 지를 수도 없어서 자유로운, 자유로워서 아름다울 수 없는 침전의 생활을. 그러나 한낮에도 미지의 땅에서 먼지를 뒤집어쓰는 파편의 뜻을 버릴 수 없다.

善終 이후 4

가끔 당신을 만나요.
먼 나라 낯선 도시에
나는 지금 살지만
나를 찾아온 환자 중에서도
비슷한 윤곽, 안경과 대머리
당신은 미소하시겠지만
나는 말없이 반가워서 속으로 울어요.

가끔 당신을 만나요.
외국어로 대화를 나눌 수밖에 없고
가끔 당신의 살이 더 희어지고
눈이 파래지더라도
당신이 환자들의 고통과 두려움 사이로
대견하게 나를 보시는 마음을 알아요.

고통을 끝없이 보는 고통을 아시지요.
두려움을 지키는 두려움의 계속
내가 그 안에서 세월 잃은 표정이 되면
어느 여가에 여기까지 오셔요.
창밖에서 빗속으로 불러주시는
한밤에도 귀에 익은 목소리 들어요.

유태인의 목관 악기

하여튼 사람이 사람을
죽이는 것은 반대다.

반대편에는 오보에를 부는 친구가
지금 각광받고 있지만
나는 군중 속에 숨어 있다.

숨어다니는 목관 악기 소리는
사랑보다 달지만
우리들의 고전은
머리부터 풀고 킬부터 물시.

자주 깨는 겨울밤,
잠속의 친구의 결심.

經學院 자리

경학원 자리, 마른 소나무에 동여매고 애매한 동장 아저씨를 총살시켰지. 눈을 뜬 채 이마에서 피가 뻗더군. 사람이 사람을 죽이는 것을 처음 지켜본 국민학교 육학년, 6·25 사변 때였지만.

9·28 수복 전날 밤, 사방에서 불길이 큰 산같이 오르는데 경학원 자리, 숨겨둔 쌀가마를 훔치러 갔지. 도망가고 뒹굴어 죽고 총 쏘는 아귀 사이에서, 부대 자루에 쌀을 넣고 도망쳤었어. 우리는 하도 굶었으니까.

몇 해 피난갔다가 돌아왔을 때, 경학원 자리. 그대로 앙상한 소나무를 깔아놓은 채 있고, 조금은 춥고 무서웠지만, 눈 오는 밤을 혼자 걸으면서 사랑하려고 했지. 세상 모든 것을 사랑하는 것만이 좋은 시인이 되는 길인 줄 믿고 있었지.

엉성한 시인, 엉성한 의사가 된 뒤에도 가끔 찾아간 경학원 자리. 메마르고 헐벗고 먼지 덮였지만 내 어린 땀방울이 뛰는 것 보면 마음 가라앉더니, 이제 그나마 외지 생활의 먼 나그네 되어 가끔 꿈속에서나 만나면, 오너라, 오너라 하던 정겨운 소리 점점 멀리 들리고, 베개 적시는 꿈 깨어난 한밤중, 다시 한번 눈여겨보는 경학원 자리.

낚시질

낚시질하다
찌를 보기도 졸리운 낮,
문득 저 물 속에서 물고기는
왜 매일 사는 걸까.

물고기는 왜 사는가.
지렁이는 왜 사는가.
물고기는 평생 헤엄만 치면서
왜 사는가.

낚시질하다
문득 온몸이 끓어오르는 대낮,
더 이상 이렇게 살 수만은 없다고
중년의 흙바닥에 엎드려
물고기같이 울었다.

일상의 외국

봄

겨우내 돌보지 않던 뜰에서
튤립 줄기가 자란다.
오래 잊고 지내던 여인이
싱싱한 풀향기로 내게 온다.

여름

남해 작은 섬 평상에 누워
낮잠이 들기 전,
한 마리 파리 소리
그립다.
외국의 고급 침대에 누워
잠이 오지 않는
여름 나이.

가을

아무데 살아도 이때쯤에는
귀뚜라미 소리가 들려.
작은 목소리지만
장거리로 멀리까지 오는 말.

감추었던 외로움의
꼬리는 젖지만
비가 오면 담장 밖에는
무궁화도 피지.

넌 아직은
내가 안을 수 있어.

겨울

눈 깊이 내린 저녁
딴 도시의 연주회.
파이프 오르간은

빈혈의 내장까지 흔들었다.
눈 속에 묻힌 건물에
저음이 내리고 있었다.

프라하의 생선국

동구의 프라하 시를 휩쓸던 희망이
미구에 쓰러지고
두브체크 수상의 여유의 미소가
빗물에 젖어 찢겼다.

봄의 국기는 어둠 속에 지고
음각으로 서 있는 목조의 레스토랑.
선혈 튀던 국기는 먼지를 쓴 채
키 작은 체코슬로바키아 노파가 끓인
프라하식 생선국을 마신다.

뉴욕 맨해튼 동쪽변의 봄비가
나를 다시 주시하기 시작한다.
(억울해서 미국에 왔지만
이대로 늙는 것은 용기가 아니야)

목쉰 소리 체코슬로바키아 노파의 눈에
잃어버린 아들의 뼈가 녹는다.
필요 없는 혀들은 잘라서 양념하고
뼈까지 다 녹인 생선국.
(다시 기를 들어야지, 다시.)

안 보이는 사랑의 나라

1. 옥저의 삼베

중학교 국사 시간에 동해변 함경도 땅, 옥저라는 작은 나라를 배운 적이 있습니다. 그날 밤 꿈에 나는 옛날 옥저 사람들 사이에 끼여 조랑말을 타고 좁은 산길을 정처 없이 가고 있었습니다. 조랑말 뒷등에는 삼베를 조금 말아 걸고 건들건들 고구려로 간다고 들었습니다. 나는 갑자기 삼베 장수가 된 것이 억울해 마음을 태웠지만 벌써 때늦었다고 포기한 채 씀바귀꽃이 지천으로 핀 고개를 넘어가고 있었습니다. 드디어 딴 나라의 큰 마을에 당도하고 금빛 요란한 성문이 열렸습니다. 무슨 이유인지 지금은 잊었지만, 나는 그때부터 이곳에 떨어져 살아야 한다는 말을 들었습니다. 아버지, 어머니가 고구려 사람이 아닌 것 같은데 혼자서 이 큰 곳에 살아야 할 것이 두려워 나는 손에 든 삼베 묶음에 얼굴을 파묻고 울음을 참았습니다. 그때 그 삼베 묶음에서 나던 비릿한 냄새를 나는 아직도 잊을 수 없습니다. 그 삼베 냄새가 구원인 것처럼 코를 박은 채 나는 계속 헤어지는 인사를 하였습니다. 아무것도 보이지 않아 헛다리를 짚으면서도, 어느덧 나는 삼베옷을 입은 옥저 사람이 되어 있었습니다. 오래 전 국사 시간에 옥저라는 조그만 나라를 배운 적이 있습니다.

2. 己亥年의 강

——슬픔은 살과 피에서 흘러나온다.
己亥 殉教福者 최창흡

이 고장의 바람은 어두운 강 밑에서 자라고
이 고장의 살과 피는 바람이 끌고 가는 방향이다.
서소문 밖, 새남터에 터지는 피 강물 이루고
탈수된 영혼은 선대의 강물 속에서 깨어난다.
안 보이는 나라를 믿는 안 보이는 사람들.

희광이야, 두 눈 뜬 희광이야,
19세기 조선의 미친 희광이야,
눈감아라, 목 떨어진다, 눈 떨어진다.
오래 시는 깅은 향기 없는 상
참수한 머리에 떨어지는 빗물 소리는
한 나라의 길고 긴 슬픔이다.

3. 대화

아빠, 무섭지 않아?
아냐, 어두워.
인제 어디 갈 거야?
가봐야지.
아주 못 보는 건 아니지?
아니. 가끔 만날 거야.
이렇게 어두운 데서만?
아니. 밝은 데서도 볼 거다.
아빠는 아빠 나라로 갈 거야?
아무래도 그쪽이 내게는 정답지.
여기서는 재미없었어?
재미도 있었지.
근데 왜 가려구?
아무래도 쓸쓸할 것 같애.
죽어두 쓸쓸한 게 있어?
마찬가지야. 어두워.
내 집도 자동차도 없는 나라가 좋아?
아빠 나라니까.
나라야 많은데 나라가 뭐가 중요해?

할아버지가 계시니까.
돌아가셨잖아?
계시니까.
그것뿐이야?
친구도 있으니까.
지금도 아빠를 기억하는 친구 있을까?
없어도 친구가 있으니까.
기억도 못 해주는 친구는 뭐 해?
내가 사랑하니까.
사랑은 아무데서나 자랄 수 있잖아?
아무네서나 사는 건 아닌 것 같애.
아빠는 그럼 사랑을 기억하려고 시를 쓴 거야?
어두워서 불을 켜려고 썼지.
시가 불이야?
니힌데는 등불이었으니까.
아빠는 그래도 어두웠잖아?
등불이 자꾸 꺼졌지.
아빠가 사랑하는 나라가 보여?
등불이 있으니까.
그래도 멀어서 안 보이는데?
등불이 있으니까.

―아빠, 갔다가 꼭 돌아와요. 아빠가 찾던 것은 아마 없을지도 몰라. 그렇지만 꼭 찾아보세요. 그래서 아빠, 더 이상 헤매지 마세요.

―밤새 내리던 눈이 드디어 그쳤다. 나는 다시 길을 떠난다. 오래 전 고국을 떠난 이후 쌓이고 쌓인 눈으로 발자국 하나도 식별할 수 없는 천지지만 눈사람 되어 쓰러지기 전에 일어나 길을 떠난다.

모여서 사는 것이 어디 갈대들뿐이랴

80년대 전반에 쓴 시들. 멀리 떠나 살면서도 고국의 정치와 사회의 암울한 혼돈 때문에 혼자서 목소리를 높인 시들이 많다. 평론가 김현이 붙여준 긴 시집 제목을 다시 읽으면서 문득 그가 그리워진다.

그해의 시월

오랜만에 귀국해서 친구랑
촌길 주점에서 도토리묵을 먹은
그해의 시월은 즐거웠다.
빨간 고추밭 사이로 들깨 터는 소리,
긴 수숫대 돌아가는 고추잠자리,
한국식 잠자리 순한 눈 때문에
내 온몸은 간지러웠지만
나가 사는 의사니까 알았어야지
간지러움은 얇은 아픔인 것을,
그해의 시월은 많이 아팠다.

어릴 적에도 코스모스가 피었다.
피난 시절은 어른들의 먼지 속,
전쟁은 보이지도 들리지도 않던 나이에
나는 아침부터 심심하게 배만 고프고
싸구려 목판의 술찌꺼기 먹고
메스꺼워 비틀거리던 行者의 발
지천의 코스모스가 종일 흔들리던
그해의 시월은 어지러웠다.

우리들의 배경
―피아니스트 폴리니의 연주회

흰 배경으로
두 마리 흰 새가 날아올랐다.
새는 보이지 않고
날개 소리만 들렸다.
너는 아니라고 고개를 젓지만
나도 보이지 않게 한 길로만
살고 싶었다.

이 깊고 어려운 시절에는
말하지 않아도
귀는 듣고
서로 붙잡지 않아도
손은 젖는다.

아무도 없는 배경으로 또
흰 새 두 마리 날아오른다.
어두운 곳에 깨어 있는
작은 사랑의 물방울이 튄다.

내가 만약 시인이 된다면

내가 한 십 년
아무것도 안 하고 단지 시만 읽고 쓴다면
즐겁겠지.
내가 겨울이 긴 산속 통나무 집에서
장작이나 태우며 노래나 부른다면
즐겁겠지.
(18세기 성주의 식객이 되어
한세월 광대짓 하던 알 만한 늙은이도
어느 날 즐겁게 목이 부러져 죽고.)
당신에게 쌓이고 쌓인 모든 발걸음이
이제는 다만 아픔으로 남을지라도
즐겁겠지.
십 년쯤 후에는 그 흙이 여물어
내가 만약 질 좋은 시인이 된다면.

만선의 돌

돌에 맞아 죽은
초기의 교인은 죽어서
신심이 돌같이 단단해졌데.

신심의 돌이 축이 되어서
빈 땅에 높이 솟은 희망이 되었데.
그러니까 말없는 돌은
얼마나 단단하고 만족할까.

돌은 꽉차서
미리부터 만선이지만
피라미 몇 마리 띄운
내 오후의 船尾,
나는 신비주의자가 될밖에 없었지.

원색의 고깔 쓰고 덩기춤도 추고
이교도의 몸에 입도 맞추고
불안해질 때는
자주 불을 껐지.

만선의 돌,

내가 난파의 몸으로 풍랑에 쓸리면
그 당황과 신음이 끝나갈 때쯤
기억해주어,
간직했던 생래의 연약의 모래톱,
끝없이 떠다니는 모래들의 풍문.

풍경화

여자는 눈을 닫고 다리를 연다.
얼굴 없는 그림이
지나간 모든 여행을 덮는다.
헐벗은 언덕이나
추운 바닷가의 밤에
꿈의 온몸은 소리 죽여 숨고
흰 꽃이 날리던 화폭에
바람 소리만 남았다.
밤새 입다물고 헤매는
여자의 혼은 춥고
기대고 만지고 싶은 것은
어디서도 찾을 수가 없었다.
문득 작은 풀잎이
아침이 오는 쪽으로 고개를 들었다.

확 답

휴가. 월요일. 오후. 기차.
뉴 잉글랜드. 강. 안개. 확답.
손수건. 의자. 버려진. 우산.
들꽃. 향기. 노인. 책. 물방아.
안경. 젖은. 철로가. 신호등. 詩.

가을. 한국. 기차. 몇 해.
십오 년. 논. 포플러. 냇물. 논.
언덕. 코스모스. 바람. 확답. 안개.
에서. 촌. 갈대. 방향. 솔. 여자. 가락.
손. 체온. 실망. 늙기. 안 늙기. 책임. 어지러운. 詩.

침묵이 언제부터 움직이고 있다.
역사의 삭은 칼이 잠깨어
내 앞길을 막아선다.

그림 그리기 2

辛酉年의 수탉을 그리기로 했다. 눈과 부리를 그렸다가 지웠다. 몸뚱이와 꽁지를 그렸다가 지웠다. 참새도 들새도 꿩도 될 수 있는 수탉이 아니고 수탉이 아니면 아예 아무것도 아닌 진솔한 수탉을 찾기 위해 또 지웠다. 아무나 가지고 있는 머리를 통째 지우고 다리도 지웠다. 그러면 수탉은 무엇인가. 자줏빛으로 새벽을 향해 목청 뽑는 목울대와 싸울 때나 암컷 쪼을 때 발기하는 자줏빛 어깻죽지의 깃털뿐. 그래서 며칠 싱싱한 어깨털을 세우고 며칠 더 힘찬 소리의 목을 세웠다. 온몸으로 그리고 탈진했을 때 한 讀者가 옆을 지나갔다. 별것 아니군, 수숫대로 엮어 만든 수수빗자루군.

수수빗자루, 그래서 나는 그 이후 수수빗자루가 자줏빛 목청을 뽑아 두번 세번 새벽을 향해 우는 신선한 소리를 혼자 들을 수 있게 되었다. 그리고 수수빗자루를 볼 적마다 갑자기 날이 밝아오고 있는 것을 알게 되었고, 암컷을 쪼아대는 맹렬한 어깨 힘이 내 어깨에도 넘쳐나 나는 아내를 찾았다. 나는 이 소리의 힘을 아내에게 간곡히 설명하고 싶었다.

피의 생리학

1

핏줄 속에서
산불이 자주 난다.
사면에 부딪히는 소리가
긴 잠을 깨운다.
아름답고 뜨거운 피,
언제나 우리들의 앞길을 막는 피
길 잃은 피가 커진다.
커진 피가 오래 마찰하는
조상들의 산불이 단다.

2

적혈구와 백혈구가 서로 싸우는 광장에 나가면 온몸이 어두워진다. 싸우지 말자고 웅성대는 우리들은 피의 찌꺼기, 혹은 혈소판. 피의 찌꺼기는 작다. 피의 찌꺼기는 많다. 흘러다니는 피의 찌꺼기는 모양이 제가끔이다. 쉽게 뜨는 피의 찌꺼기는 의견이 비슷하다. 피의 찌꺼기는 아프고 억울한 상처를 아물게 한다. 많은 피의 찌꺼기가 죽고 또 죽어서 상처를 아물게 한다.

쥐에 대한 우화

1. 실험실의 쥐

그 겨울을 나는 거의 지하실의 실험용 쥐들과 같이 지냈다. 쥐똥 냄새, 쥐오줌 냄새, 겨가루, 말똥 섞은 쥐밥의 뒤죽박죽의 냄새 속에서 한겨울을 축축하게 지냈다. 번호가 적힌 순서대로 나는 매일 몇 마리씩 쥐들의 배를 갈랐다. 절반쯤이 배가 갈려 죽은 후에는 그 짓을 신기하게 보던 쥐들이 내가 손짓을 할 적마다 기침을 수없이 했다. 물 대신 술을 계속 먹인 쥐들은 간이 붇고 체중이 줄었지만 오히려 배가 갈린 것이 시원한 표정이었다. 물 대신 커피를 먹인 쥐들은 몸무게가 늘었지만 내장에 피가 맺히고, 코카콜라를 먹인 쥐들은 내가 죽이기도 전에 비틀비틀 단내를 피우며 썩어가고 있었다. 각종 음료수에 대한 혈액 내의 화학 물질 농도와 내장벽의 근육 및 조직 변화의 연구가 성공하고 축축한 지하실에 내가 돌아왔을 때, 아직 실험에서 살아남은 몇 마리의 쥐가 성공한 놈아, 성공한 놈아 하면서 계속 기침을 하고 있었다. 봄이 오고 내가 승진을 한 뒤에도 나는 실험실 쥐들의 시끄러운 기침 소리에 밤잠을 계속 설치고 있었다.

2. 부자가 되는 법

부자가 되고 싶어 궁리하던 사람이 연구 끝에 고양이 한 쌍과 쥐 한 쌍을 샀지. 고양이도 번식이 빠르기는 하지만 쥐들은 일 년에 서너 번씩 새끼를 낳고 본능이 빨라 새끼 쥐도 몇 달이면 번식하는 법을 금방 배워 일 년 만에 고양이떼와 쥐떼를 가지게 되었지. 사료값이 없는 주인은 자기 연구대로 한 떼의 쥐들을 잡아 고양이 사육장에 집어넣으면 굶주린 고양이떼가 그 쥐를 잡아먹고 새끼를 까고 그래서 고양이가 너무 많아지면 한 무리 죽여서 그 털과 가죽을 팔아 돈을 모으고 죽은 고양이의 살과 내장은 쥐들에게 사료로 먹이면 쥐들은 그 고기 먹고 또 살이 찌고. 고기 먹고 살찌고 새끼 많이 깐 쥐떼를 또 절반쯤 고양이 사육장에 쓸어넣으면 고양이떼는 쥐 잡아 죽이기로 이리저리 뛰어 적당한 운동과 유희가 되고 성찬이 되어 살이 찌고 새끼를 까고…… 그러면 한 달에 한 번쯤 인부를 두어 이제는 수천 마리씩의 고양이를 잡아 털과 가죽을 벗겨 말려서 팔면 주인은 자꾸 부자가 되고 죽은 고양이의 고기는 다시 번식하는 쥐떼들의 사료가 되는 거지. 원수를 갚듯 잘들 먹겠지. 부자가 된 주인은 좋아서 원수를 갚듯 서로서로 자꾸 먹어라, 그래서 온 세상이 내 쥐떼와 고양이떼로 덮여라 하지만, 나는 좀 슬퍼지더군. 부자가 되는 길이 어떨 때는 이렇게 무섭고 슬플 수도 있구나.

일상의 외국 2

안락한 외제 소파에 틀고 앉아
안락하지 못했던 동학의 전기를 읽는다.
헐벗은 백년 전 전라도, 충청도 땅에
볼품없이 씻겨가는 人骨을 본다.

외국에 나와서 보면 더욱 힘들다.
삿대 없이 흐르던 가난한 나라,
흙먼지에 얼굴 덮인 죽창의 눈물,
그날의 선조가 야속한 관군이 아니고
감투 눌러쓰고 돌아앉던 양반이 아니기를.
한여름 냉방 장치의 응접실에서
문득 얼굴에 흙칠을 하고 싶다.
돌아앉아 숨죽이던
그 양반의 버선짝 냄새.

일상의 외국 3

1

열한시가 되었습니다.
잘 시간입니다.
여섯시가 되었습니다.
깨어날 시간입니다.

정오에는 정확한 점심,
다섯시에는 돌아갑니다.
한눈도 팔지 않고 돌아갑니다.

2

월요일에 내린 눈,
화요일에 내린 눈,
수요일에도 목요일에도 녹지 않고
금요일, 토요일, 일요일에도 쌓여 있는 눈.
고국은 높고 하늘은 낮고
그러나 일월에도 이월에도 삼월에도 내리는 눈.
사월이 되어도 녹지 않는 눈.

3

눈을 떠도 희미한 이 나라에 와서
밤부터 새벽까지 엎어요, 엎어요.
마작 끝에 먹는 밤참은 육개장,
풀이 팍 죽은 파뿌리로 몸을 재우고
아득한 구만 리, 구십만 리의 인적을 떠나
평지보다 더 낮게 둑을 쌓고
부끄러운 얼굴은 동남풍으로 지우고
한국은 한국이요, 술장사는 술장사.
언제 코피 흘리면서 써놓은 詩줄들
비닐봉지에 잘 싸서 쓰레기통에 던지고.

4

참 인연이네요.
전생에 나는 한 마리 서양개였는지
여기는 미국의 오하이오입니다.

참 인연이네요.

오대호 속에 사는 이무기 한 마리,
오대호 물살에 밀려다니고
골프를 치고 정구를 치고
치고 받는 얼간 고등어가 되어갑니다.

참 인연이네요.
이렇게 아득한 줄은 몰랐어요.

5

당신은 날 용서해주어야 돼.
허바허바 사진관에서 여권 사진을 찍고
다방에서 기다리다 평생 신수를 점치고
숫기 없는 남산 쪽만 보다가 떠났어.
죽지 않고도 재가 되어버리는 길목.

일주일 동안 산속의 수도원에 다녀왔어.
어두운 새벽부터 마룻바닥에 무릎 오래 꿇고
해 떠오르는 창밖을 보다가 울었어.
부끄러우면 몸이 뜨거워지는군.

뜨겁고 아파서 견딜 수가 없었어.
앞뒤 없이 재가 되는 길은 참 멀고 어려웠어.

폴란드 바웬사 아저씨
── 동요풍 1

꽃 파는 여자와 결혼한 노동자
나는 바웬사 아저씨가 좋아요.
애국이니 혁명을 말하지 않고
고개 숙이고 헤매는 아저씨 이마의 땀,
밤에는 친구끼리 몸을 기대는
폴란드의 가난한 노동조합원.

일곱 명 아기의 아버지는 죄지은 신자
술 한잔 마시고 그다니스크 시를 걸어가는
술 한잔 취하면 부르는 유행가,
"우리가 죽어서 모두 재가 된다면
폴란드여, 제발 그 재만은 자유롭기를"
얼마나 자유를 그리워하면
무섭지 않아도 눈물이 나고
맨몸으로 쓰러지는 눈 덮인 거리.

"옳은 것은 원래부터 무의식이다"
폴란드의 자유와 생존의 열망이
이제 많이는 땅 밑에 묻혀버렸지만
계엄령의 얼음판에서도 불을 자주 보는
바웬사 아저씨가 나는 좋아요.

성벽을 뚫고
──동요풍 2

6·25 사변 전 흑백 영화,
보셨습니까.
형제가 절벽 위에서 총을 서로 겨누고
형인지 동생인지 지금은 잊었지만
하나는 절벽에서 떨어져 죽고
나는 동생의 손목을 잡고
어두운 골목길을 도망쳤습니다.
똑바로 뛰면 총에 맞는다,
담에 기대서 옆으로 뛰자.
국민학교 때 6·25 사변의 총알은 빗나가고
오늘은 성벽을 보셨습니까.
남한산성에 갔었지요.
성벽을 뚫어보셨습니까.
성벽을 뚫으래요.
성벽 뚫을 힘이 없으면
형제끼리 싸우지 않으면 된대요.
작은 형제, 나라같이 큰 형제,
우리들의 공포를 보셨습니까.
싸우지 않으면 된대요.
그러면 절벽에서 안 떨어져도 된대요.

권총을 사들고

어둡고 긴 숲에서 밀리고 넘어지면서
한세월을 털어 보내고 난 후
권총 한 자루를 사들고
초연한 서부의 무법자처럼
차가운 총신을 닦아내면서
한마디로 꺾는 연습을 하면서.

6발의 총알을 장전하고
숨소리 죽이면서 침대 밑에 밀어넣고
높고 견고한 성을 매일 밤 마음에 쌓고
밤새도록 명중하는 총소리에 핏발을 세우고.

아침에는 서부의 바람이 서쪽으로 불면
오후에는 같은 바람이 동쪽으로 불고
저녁의 사격장에는 흔들리는 식앙뿐,
우리가 힘들게 살고 있는 것이
감은 눈에 희미하게 잠시 보일 뿐,
우리들 인연이야 어차피 바람이고
내가 조준할 것은 이 세상에 없었다.

시인의 용도 1

시인이 되고 싶습니다.
시인의 용도는 무엇입니까.
에티오피아에서, 소말리아에서
중앙아프리카에서
굶고 굶어서 가죽만 거칠어진
수백 수천의 어린이가 검게 말라서
매일 쓰레기처럼 죽어나고 있습니다.
캄보디아에서, 베트남에서
오늘은 해골을 굴리며 놀고
내일은 정글 진흙탕 속에 죽는 어린이.
열 살이면 사람 죽이는 법을 배우고
열두 살이면 기관단총을 쏘아댑니다.
엘 살바도르에서, 니카라과에서
중앙아메리카에서, 남아메리카에서
해뜨고 해질 때까지 온종일
오른쪽은 왼쪽을 씹고
왼쪽은 오른쪽을 까고
대가리는 꼬리를 먹고
꼬리는 대가리를 치다가 죽고.
하루도 그치지 않는 총소리,
하루도 쉬지 않는 살인.

하느님 시인의 용도는 어디 있습니까.

이란에서, 이라크에서, 이스라엘에서
레바논에서, 시베리아 벌판에서
세계의 방방곡곡에서
하느님, 시인의 용도는 무엇입니까.
남들의 슬픔을 들으면
눈물이 나고 가슴이 아프고
남들이 고통 끝에 일어나면
감동하여 뒷간에서 발을 구릅니다.
어느 시인이 쓴 투쟁의 노래는 용감하지만
내게 직접 그 고통이 올 때까지는
어느 시인이 쓴 위로의 노래는 비감하지만
유혹에 빠지지 말라고 하신 하느님,
그러나 시인의 용도는 무엇입니까.

시인의 용도 2

하느님, 내가 고통스럽다는 말 못 하게 하세요.
어두운 골방에 앉아 하루종일 봉투 만들고
라면으로 끼니를 잇는 노파를 아신다면.
하느님, 내가 외롭단 말 못 하게 하세요.
쉽게는 서울 남쪽 변두리를 걸어서
신흥 1동, 2동 언덕빼기 하꼬방을 보세요.
골목길 돌아서며 피 토하는 소년을 아신다면
엄마를 기다리는 영양 실조도 있었어요.

하느님, 내가 사랑이란 말 못 하게 하세요.
당신의 아들이 왜 죽은 줄도 모르는
먼지 쓴 신자의 회초리가 드세기도 하더니
세계의 곳곳에는 그 사랑의 신자들 가득하고
신자에게 맞아 죽은 신자들의 시신,
내 나라를 사랑해서 딴 나라를 찍고
하느님 영광을 찬송하는 소리 들어보세요.
고통도, 사랑도, 말 못 하는
섭섭한 이 시대, 시인의 용도는 무엇입니까.

쓸쓸한 물

불꽃은
뜨거운 바람이 없다면
움직이는
그림에 지나지 않는다.

모든 불꽃이 그림으로 완성된
안정된 세상의 쓸쓸함.
내 고통의 대부분은
그 쓸쓸한 물이다.

나는 때때로
그날을 생각한다.
순결의 물을 두 손에 받들고
다가오던 발소리의 떨림.
가득 찬 물소리에
나는 몸을 씻고 싶었다.

떨지 않는 물은 단지
젖어 있는
무게에 지나지 않는다.

중년의 안개

올해도 비가 그치면서
시가는 안개로 덮였다.
길고 어두운 우리들의 중년이
방향 없이 그 속을 날고 있었다.

― 소소한 것은 잊으세요.
― 중년의 긴 꿈은 무서워요.

우리들의 시정 거리는 일 분.
반백의 세상은 안개처럼 간단하다.
녹슨 칼은 몸 안에 숨기고
바람이 부는 곳에서는 고개를 돌리고
목에 칼칼하게 걸리는 몇 개의 양심.

― 멀리 보지 마세요.
― 중년의 절망은 무서워요.

조롱 속에 살던 새는 조롱 속에서 죽고
안개 속을 날던 새는 죽어서
갈 곳이 없어 안개가 된대요.

바람의 씨를 뿌리던 우리들의 갈증은
어디로!

그 여자의 음악

그 여자가 또 소리 없이 운다.
두 손으로 세상을 가리고
고개를 저으면서 저음으로
운다. 층계를 하나씩 내려가면서
하체가 흔들린다. 노랗게
하체가 말을 듣는다. 숨어 있는
온몸이 말을 받는다. 행진곡처럼
가볍게 익어간다. 익어갈수록
가지에서 떨어지고 싶은 사과.
사과가 꽃이었을 때도
들은 적이 있었지. 지나간 것은
흐르는 물 같은 것이니까. 물소리의
목을 핥아주고 싶다. 건망증처럼
상체가 흔들린다. 그 여자가 고음으로
층계를 하나씩 오르기 시작한다.

한　강

1

일시 귀국을 하고
당신을 다시 내려다본다.
올려보아도 부끄러운 몸으로
가엾게 늙어가는 당신을 내려다본다.

난리통에는 다리가 잘리고
수천의 백골도 물 속에 가라앉아
흙바람에 삭아버린 당신의 피부는 어둡다.
중학교 때 친구랑 헤엄치고 날뛰던
넘치고 빛나던 강물은 병들고
길고 긴 해가 지날 적마다
우리를 흥분시키던 물은 말라들어
오히려 당신의 얼굴 위에 쏟아지는
모리잡배들의 썩은 배설물.
때로는 서투른 일본말로 신음하며
숨막혀 배 밑에 깔리는 한강.
가늘고 거칠어진 관능의 다리 위에
주눅든 남자가 되어 눈을 피한다.

2

이제는 비밀도 없구나.
삭막한 당신의 다리 근처에서
執銃한 아저씨들은 밤눈을 밝혔다.
갈수록 복잡해지는 국사의 고통은
값비싼 항생제로 가라앉히고
정밀 검사를 마치고야 통과되었다.
이제는 비밀도 없구나.
속뼈까지 하나씩 드러내는 한강,
후회의 눈물로도 가리지 못하고
메마른 지도가 옷을 벗고 눕는다.

3

외국에서 한강을 보면 미시시피 강같이 유장하지 않음을 내가 탓할 수야 없지. 한강에서는 물장구쳐보았지만 노랑내 나는 강에서는 친구를 만나지 못했으니까. 모래판을 치며 훈련하던 내 손마디가 한때는 피투성이 되었다가 단단히 여물고, 이제는 간단히 목판을 쪼개내듯이, 외국에서 한강을 보면 언뜻 우리 세대의 피투성이 손마디로 보이는 것도 탓할 수야 없지. 다음 번에 내가 한강을 찾아가 맑은 물 찰찰 흘리며 너 왔구나, 반갑다 말하면, 에라, 꼭 틀어안고 뒹굴면서 길고 은근한 입맞춤을 한판 벌일 수밖에, 너밖에 사랑하지 않았노라고, 귓속말로 몇 번이고 고백할밖에.

새

새들은 아침잠도 없구나.
동이 터오는 기미만 보이면
일어나 세수하고 우리를 부른다.
그 푸른 목소리.

몸을 높이 올리면
지상의 먼 거리도
손가락 사이에서 보이고
눈을 바로 뜨면
자유의 모진 아우성도
아름답게 보인다.
둘도 하나로 보인다.

그러니 어디에 있으면 어떠랴.
우리들의 예감이야 하나밖에 없지.
사방이 막히고 어두워도
오늘도 그 불 같은 목소리.
새들은 기미만 보고도
우리들의 게으름을 일깨워주는구나.

하느님 공부

1

오늘의 공부는 공중에 나는 새를 보라.
공부는 공중에 나는 새를 쏘는 총,
공중에 나는 새를 쏘는 사람의 공포,
그 사람 마음에 일고 지는 몇 代의 그림자.

이제 눈물은 무섭지 않아.
한번 끓고 난 물은 탄력이 없어.
비단같이 얇게 하늘거리는 땅 위에서
생수 같은 사람이 되고 싶어서.

2

필연성이 없는 소리의 연속은
음악이 아니지.
필연성이 없는 동작의 연속은
춤이 아니지.
필연성이 없는 하루하루 살이는
사람이 아니지.

그러니까 나는 사람이 아니지.

하느님은 대개
마음이 가난한 자에게만 보인다고 하고.

善終 이후 6

잊을 수 없습니다.
아버님 골패짝 굴리시던 손,
냉돌에 단정히 무릎 꿇고
원고지 적시시던 손.
그해의 봄은 유난히 늦어
간간이 손끝을 떠시던 아버님.
분꽃이 다시 피었습니다.
분꽃은 아버님이랑 살던 때를
자꾸 옛날 일이라고 말해줍니다.
그간에 나는 남을 만나 사랑하고
밤비처럼 두서 없이 흔들리고 있습니다.
아버님 세월이 자꾸 흘러간대요.
어서 두 손을 펴세요.

아프리카의 갈대

사람은 생각하는 갈대라지만
아프리카 한복판, 가뭄에 굶어 죽은
수십만의 에티오피아 사람들은
무슨 생각을 하는 갈대였을까.
갈대같이 말라서 쓰러져 죽고 마는
그 갈대를 꺾어서 응접실을 치장하고
생각하는 갈대답게 아프리카를 본다.
두 눈을 뜨고도 앞을 보지 못하는
가죽만 남은 어린 몸, 파리떼 엉긴 눈,
사진 설명에만 안타까워 흥분하다
치고 받는 데모, 치고 받는 투전에만 흥분하다가
판세에 휩쓸리면 몸 사리는 우리 갈대.
어차피 세상의 갈대밭은 불타고 말지,
땅이 타는 아프리카 불기에는
생각 없는 갈대가 무더기로 타 죽고
우리 땅의 불에는 누가 타서 뒹굴까.

죽은 나무를 노래함

죽은 나무는
죽은 후에도 서 있다.
낙엽은 몇 해째 흙이 되려고
땅의 두꺼운 문을 두드리고
밤에도 잠들지 못하는
산벌레들의 신음 속에서.

피곤하지 않을까 모르지.
부러진 돌을 껴안는 짙은 안개,
도망하다 지친 몇 개의 풍경이
죽은 나무에 기대어 운다.

곧 겨울눈이 오리라.
창문을 열고 살던 시대는 가고
의심 많고 두려움에 찬 두 눈으로
서서 죽은 나무를 토막내어
겨울 추위의 온기를 얻는 구차스러움.

죽은 나무가 탄다.
죽은 나무가 불타면서 말한다.
드디어 바람의 손을 잡고 떠나는
죽은 나무의 혼, 죽은 나무의 혼.

水 葬
──「風葬」의 동규에게, 외국에서

너는 처음부터 안 보이는 것을 공부했으니
보이다 말다 하는 바람이 낫겠지만
나는 시신을 찢어가며 전공을 배웠으니
어차피 속살까지 모두 다시 내어주어야겠지.
보이고 또 끝없이 보이는 실속 없는 물,
그 물 속에 환히 밀어넣어야겠지.

그러니 수장시켜다오.
외국에서는 말고 이번만은 한국의 바다에서,
동해나 황해나 남해나 아무데나
그러나 너무 멀리는 말고 해안선 가까이에,
내 한 세상의 여행도 결국은 그랬지만
방향 잃은 늙은 목선의 어스름 저녁,
황혼이 잔잔한 바다에 머리 부딪히며 다시 울 때
부끄러움도 무지함도 감추지 않은 용사의 죽음처럼.

수장시켜다오.
중학교 때의 전쟁과 가난의 땀옷은 수의로 감고
두서 없이 무겁던 외로움의 무게를 두 발에 동이고
수상한 장송곡 대신 장타령 한 곡의 중간쯤
물소리 많이 나지 않게 밀어넣어다오.

갑자기 시원하고 조용해지겠지.
몇 날 며칠 흔들거리며 긴 꿈을 꾸고 나면
한국의 저녁상에서 자주 보던 온갖 물고기들,
갈치나 꽁치떼들이 내 살을 파먹고, 파먹고
그 살찐 물고기들 어부에게 잡혀 포구에 닿으면
어시장 아주머니 비린 눈매도 신명나누나.

그간에 나는 유심한 구름도 되어보고
바다 위를 나는 깃 좋은 물새도 되어보리니,
수장시켜다오.
내 살이 그 많은 조카들의 살이 다시 되어
이 골목 저 골목을 뛰어다니며 놀 때
오래 헤매며 살던 짙은 안개의 세월 끝나고
내가 드디어 뜨거운 눈을 뜨리라.

남미식 겨울

1

해군이 바다에서 혁명을 일으켰다.
검은 제복을 입고 총검을 들고
일제히 높은 파고에 발맞추어
혁명을 일으켰다.
바다 위에 떠 있는 달이 운다.
상륙할 수 없는 혁명이
전세계의 풍랑에 쓸려간다.
밤이면 바다 위에 떠올라 빛을 내는
행방불명이 된 사람의 무덤.

2

안데스 산맥은 겨울에 자란다.
눈부신 수천만의 눈이 쌓이고
어두워질수록 산길이 더 잘 보이는
안데스 산맥은 천사들의 놀이터,
해방불명이 된 생 텍쥐페리의 친구들이
낯선 땅 겨울 내내 꽃이 되어 내리고

고향의 그리운 노래처럼 하산하는구나.

3

안데스 산맥과 나라와 바다 사이
세상에서 제일 긴 망토를 입고
세상에서 제일 긴 훈장을 달고
총알을 몇 개씩 온몸에 박은 분,
미소하고 악수하고 다짐하는 분,
파도 높은 바다의 어두운 영혼이
겨울의 긴 산맥에 부딪혀 깨어진다.
끝나지 않는 메아리의 지진이
행방불명이 된 온 나라를 덮을 때
그대여, 눈물도 없이
동상에 걸린 두 손을 자르는 그대여.

자유의 피

내가 외국의 대학촌에서 공부할 때
자유의 피라는 것을 배웠지.
젊은 나라에서 그 젊은 여자는 웃으면서
자유가 얼마나 좋은가를 알려주었지.
그때만은 임신이 안 되는 게 확실해서
며칠이고 약을 안 먹어도 되는 자유
당신도 껴안고 뒹굴 수 있는 자유,
그런 종류를 자유라고 자유롭게 불렀어.
내가 고국에서 배운 자유의 피는
아주 무겁고 힘겨운 것으로 기억했을 때라
무한정 흔들며 자유의 피를 뿌리는
그 여자의 여유가 가볍고 싱싱하게 보였지.
그렇지만 나는 확실히 믿을 수는 없었어.
갑자기 자유의 피가 하룻밤 일거리가 되는 것이
아무리 힘있게 껴안아도 믿을 수가 없었어.

몇 해마다 내 갈증을 풀려고 고국에 돌아오면
아직도 서울의 공기는 수상한 냄새를 풍기고
서울의 공기는 수상한 소리를 연발하고
남산 밑으로 많이 뚫린 터널에서도
나는 성욕 잃은 쥐같이 재채기만 했었지.

서울 친구들은 장중하고 슬프게 발음하면서
자유라는 말을 함부로 다루지 않았어.
물론 나는 내 친구들을 믿을 수밖에 없었지만
아, 때때로 자유의 피의 황홀한 색감,
자유의 피의 황홀한 율동!
자유가 속삭임같이 달콤해지면
다시는 그 많은 재채기를 안 해도 될 것 같았어.

고아의 정의
——어느 입양 고아를 위하여

정의는 때때로 내게는 개밥이다.
형형색색으로 휘날리는 정의의 깃발,
형형색색으로 휘날리는 개꼬리의 꼬리,
정의는 때때로 간단한 깃발이다.
서로 다른 크기와 모양으로 빛나는 정의,
그 정의의 깃발 아래서 쓰러지는 사람,
그 정의의 꼬리 아래서 흔들리는 신음.

배가 고프면 정의는 빵집에 있고
배가 아프면 정의는 병원에 있고
배가 없으면 정의는 다리에 있겠지.
피맺히게 울부짖는 정의의 구호도
때때로 내게는 징 맞은 돌이다.
정의의 칼을 높이 뽑아든 돌,
정의의 돌을 던지는 다른 돌의 눈.

세계의 곳곳에서 서로 목청을 뽑는
씩씩하고 웅장한 정의의 관현악.
아프리카의 정의, 알젠틴의 정의,
스탈린의 정의, 광신도의 정의
어느 동네 어느 골목의 정의의 정의.

그러나 그 찬란한 정의들을 위해서도
남을 치고 죽이고 깨뜨리지는 마.
정의를 위해서도 남을 절망시키지 마.
아우슈비츠 수용소까지 안 가더라도
맞아 죽은 입양 고아의 부러진 뼈야,
너도 알고 있지.
세상에는 정의보다 훨씬 굵은 것이 있지.
세상에는 정의보다 훨씬 밝은 것이 있지.
정의보다 훨씬 높고, 맑고, 따뜻한 것이 있지.

외국어 詩

그 겨울의 추운 강당에는
저녁내 오던 눈소리 한결 커지고
노벨상 시인 밀로즈 씨는 갑자기
폴란드어로 자작시를 외우기 시작했다.
눈 속에 서 있는 한떼의 나무들이
더 정확하게 보이기 시작했다.
미국 중서부, 별일 없는 도시의 겨울밤,
관중은 어이없어하고 주위는 어두웠지만
한마디 알아들을 수 없는 밀로즈 씨의 시가
무대를 차고 넘쳐서 폭설이 되고 있었다.
혹은 검은 눈썹의 늙은 동구라파,
잿빛 하늘과 강물과 나무숲의 중간쯤
수시로 마른 빵을 씹던 유랑민의 꿈,
해결할 수 없는 겨울밤의 목마름.

가을 水力學

그냥 흐르기로 했어.
편해지기로 했어.
눈총도 엽총도 없이
나이나 죽이고 반쯤은 썩기도 하면서
꿈꾸는 자의 발걸음처럼 가볍게.

목에서도 힘을 빼고
심장에서도 힘을 빼고
먹이 찾아 헤매는 들짐승이 되거나 말거나
방향 없는 새들의 하늘이 되거나 말거나.
임, 그렇고말고,
천년짜리 莊子의 물이 내 옆을 흘러가네,
언제부터 발자국도 없이
타계한 꿈처럼 흘러가네.

亡者의 섬

　　──당대의 시인 에즈라 파운드는 배신자라는 낙인 때문에
　　그리던 고국에 돌아오지 못하고 외국 땅 이탈리아
　　'망자의 섬'에 죽어 묻힌 지 13년이 되었다.

1

나는 시를 버리더라도
바른길을 가려보자.
바람 불어 쓰러지면 다시 일어나고
약속한 뜻은 겁이 나도 지키고
힘들면 눈감아도 포기하지 말기.
딴소리 하는 시인은 한쪽 귀로 듣고
웃음거리 되더라도 그냥 걸어가기.
밤새워 깎고 다듬은 서투른 끌질에
피 흘리고 떨어져나간 감상의 햇수들,
이제는 전신에 뜻없는 상처로 남아도
내가 흥겨워서 벌였던 한판,
그 이상 내가 무엇을 바라랴.

2

에즈라 파운드의 고향은
감자가 많이 나는 아이다호 주,
해마다 감자들은 생살을 째고
피 흘리는 생살을 흙에 비벼서
안 보이는 땅속에 양식을 마련한다.
고향의 감자꽃은 슴슴하지만
아프지 않고는 여기 살 수 없다고
아무나 감자 옆에 누울 수는 없다고
슴슴하게 웃고 가는 고향의 감자꽃.

3

섬에서는 망자들이 소리 죽여 울고
우는 어깨 위에 나비가 앉는다.
작은 언덕이 바람에 밀려다니고
모두 부질없음을 알고 난 후에도
돌멩이 몇 개 언덕을 오른다.
밤에는 심한 비가 자주 내리는 섬,

빗소리에 잠이 깨면 그새 육탈이 된 몸.
뼈 사이로 스미는 빗물의 차가움에
몇 개의 뼈는 벌써 피리 소리를 내고
온몸이 환히 보이는 망자들의 부끄러움.

강토의 바람

불어오는 바람을 죽일 수 없다면
바람이 내는 소리도 죽일 수는 없지.
나무에게, 수풀에게, 나부끼는 깃발에게
소리내지 말라고 명령할 수는 없지.
모이는 장소가 따로 없는 바람들은
나라의 안팎 빈 곳에서 일어나고
바람이 내는 소리는 예감처럼 사위를 흔든다.

바람은 죽지 않는다.
한두 개의 바람이 방향이 같으면
둥그런 바람도 삼각형의 바람도
수백 개의 바람으로 함께 몰리고
바람이 내는 소리는 도시의 방파제를 넘는다.

잠자는 바람을 깨우지 말자.
잠자는 바람의 흔적을 깨우지 말자.
바람이 고개를 숙이면
긴 목이 아프기 마련,
그 목쉰 바람 소리는 시대의 암호처럼
언제나 강토의 살을 추위에 떨게 한다.

의사 호세 리잘의 증언

1

19세기말에 필리핀이라는 나라가 있었다. 스페인의 식민지, 아시아의 태평양에 섬나라가 있었다. 그 섬나라에 호세 리잘이라는 의사가 있었다. 한 나라에 한 사람이 있었다. 파리로, 마드리드로, 하이델베르크로 떠돌던 동양인 의사는 조국에 돌아와서 총살형을 받았다. 환자도 보고 『사회의 암』이라는 소설도 쓰다가 서른다섯 나이에 죽었다. 「마지막 작별」의 글을 형무소에서 끝내고 그 다음날 19세기말에 한 의사가 죽었다.

2

호세 리잘이 진단한 사회의 암은 우리였네.
나태한 우리와 타협해서 쉽게 사는 우리,
의타심에 덮여서 눈치로 사는 우리,
작패로 싸우고 죽이고 이간질하는 우리,
암세포로 썩어가는 나라의 병은
아무도 볼 수 없는 우리들 마음에 있었네.
(나도 외국을 떠도는 의사인데
아무 병도 보이지 않았다.

필리핀 의사를 만나면 마작이나 하고
구라파 여행 때는 군침만 삼켰다.)

3

내가 다시 이 땅에서 일어나 살펴보느니
그새 백여 년 햇수가 섬나라를 지나가도
몸은 아직 남은 해안가를 떠돌고 있느니
쉽게 사는 사람들아,
쉽게 미워하고 쉽게 죽이는 사람들아,
산에서도 물에서도 미워하고
도시에서도 공항에서도 죽이고
돌아서면 쉽게 기도하는 사람들아.
지금도 제사상 향불 속에 우는 내 혼을 보아라.
한세상의 귀함은 헐벗은 맨발 걸음뿐,
세상을 어려워하라.
걷는 자도 말 탄 자도 큰 짐을 진 듯
어려워해야만 편안해지리라.

밤 노래 1

1

내가 한국의 시인이라면
웃기지 말라고 피해가는
영어를 잘하는 내 아들이 잠든 밤은
즐거워라.
가진 것에 약한 아내가 잠든 밤,
계산의 주판이 잠든 밤은
즐거워라.
줄 것도 받을 것도 없이 털어버린
단출한 행장이 즐거워라.

모든 인연에서 떨어져나올수록
내게 더 가까이 다가오는 피부의 밤,
언제나 우리를 속상하게 하는
겹치고 쌓이는 어려운 시대도 가려주는
위안의 끝없는 넓이여.

2

외국에서 오래 손님처럼 살다 보면
다음날 고국에서 들리는 소식까지 부드럽다.
한 이십 년 물 위에 기름처럼 살다 보면
어지러워진다. 기름처럼 가벼워진다.
그래서 밤이여, 생활의 적적한 동반자여,
밤에는 장년의 주름살이 뼈에도 느슨히 보이고
귀기울이면 땅이 우는 희한한 소리도 들린다.
환영받지 못한 예언자의 시대는 끝났다.
밤새도록 인연의 질긴 매듭을 하나씩 풀고
자유로운 몸으로 나는 밤의 끝의 빛.

밤 노래 2

전생이라는 것이 정말 있었다면
우리는 같은 동네 출신일 거야.
쉽게 어깨가 시려오는 나이가 되어
머릿속 등피도 가물거리지만
노란 꽃이 한밤에 빨갛게 피는 것도
풍랑에 방향 잃은 상징의 난파선도
언제나 이야기로 듣기만 했을 뿐.
(이리 와, 내 말을 들어봐.)
밤에 별이 많으면 새가 되어 날고
별까지 날아가는 새가 되어 떠나고
쉬어갈 곳이 없는 낯선 하늘에서도
목성은 어쩐지 정이 가지 않았지.
(이리 와, 내 말을 들어봐.)
나무도 나무를 만나야 속사정을 털고
풀도 같은 풀을 만나야 어깨를 기대는 거지.
확실한 것은 그것뿐이다.
보이지 않게 밤마다 떠나는 우리들,
보이지 않는 세상에서 밤마다 돌아오는 우리들.

밤 노래 3
──화가 고야의 집에서

내가 쓴 詩는 당신 젊을 때 그림만큼 약하다.
그러니까 나도 나이를 먹으면 귀머거리가 되리라.
한 칸의 방을 얻어 사면에 흑칠을 하고
내 문필의 늦은 침묵의 시대를 열리라.

죄없이 죽고 죽이던 총소리에 귀가 먼 후
당신은 나머지 세상을 문 닫고 끝냈다지만
나는 긴 전쟁의 회오리에 손가락 하나 잘리지 않고
억울한 피눈물도 얼마 흘린 적 없었으니
수십 년 피해온 큰 바다를 대면하듯
나이 들면 나도 귀머거리 시인이 되리라.

그래서 먼지 쌓인 게으름의 때를 몇 해 씻어내고
늙은 욕심의 살과 피가 다 녹아 흐를 때
들을 수 없는 큰 목소리를 잡고 살리라.
온몸으로 불을 켜는 고문받는 땅 위에
마지막 밤의 별처럼 보이는 그 집에서.

밤 노래 4

모여서 사는 것이 어디 갈대들뿐이랴.
바람 부는 언덕에서, 어두운 물가에서
어깨를 비비며 사는 것이 어디 갈대들뿐이랴.
마른 산골에서는 밤마다 늑대들 울어도
쓰러졌다가도 같이 일어나 먼지를 터는 것이
어디 우리나라의 갈대들뿐이랴.

멀리 있으면 당신은 희고 푸르게 보이고
가까이 있으면 슬프게 보인다.
산에서 더 높은 산으로 오르는 몇 개의 구름,
밤에는 단순한 물기가 되어 베개를 적시는 구름,
떠돌던 것은 모두 주눅이 들어 비가 되어 내리고
내가 살던 먼 갈대밭에서 비를 맞는 당신,
한밤의 어두움도 내 어리석음 가려주지 않는다.

스페인의 비

낡은 베레모를 쓰고
오징어 튀김에 싼 술을 마신다.
부둣가에는 가는 비 저녁내 내리고
개 한 마리 저쪽에, 개 한 마리 이쪽에
귀에 익은 유행가처럼 흔들거린다.
어두워서 더 어지럽다.
술 취한 빈 골목마다 나이 먹은 성당,
옛날의 비가 되어 어깨를 두드린다.
한평생 쌓인 죄가 모두 씻어질 때까지
성당에 기대어 긴 잠이나 잘거나,
나이 들면 술 취한 어부나 될거나, 아니면
잠속에서 보이는 그 슬픔이나 될거나.

그리운 무용

1. 장미의 요정

장미의 요정이라는 것이 있었다.
피난을 갔던 항구는 바닷물이 따뜻하고
멸치 몇 마리를 매일 간장에 찍어 먹던
피난살이 셋방에 장미의 요정이 있었다.

주인집 유성기에서는 맛있는 과자가 나오고
조명의 무대에서 나는 낮잠을 자고 있었다.
아침이면 이름표 가슴에 달고 고무신을 신었지만
장미도 없는 도시에서 나는 요정을 자주 만났다.
정든 바닷물은 여전히 따뜻하고 말이 없었다.

배고픈 그 여름이 지나도 세상은 어렵기만 하더니
아, 이 시대에 지천으로 핀 장미의 웃음은 무엇인가.
난감하기 짝이 없는 장미의 음악은 무엇인가.
토슈즈를 신고 돌아오는 그리운 세상은 무엇인가.

2. 목신의 오후
──영태에게

안무가 미카엘 포킹을 만나고 왔겠지.
땅만 그리던 화가는 마침내
긴 비가 되어서 땅속에 스며들고
얼마 만에 깊은 계곡이 되어 우리를 안았지만
니진스키의 목신은 너무 쓸쓸해.
이상하게 두 발로 걸어가는 황소 걸음이
장식도 없는 무대의 경사를 오를 때
발도 날개도 띨어져나가는 몸부림이 무서워.
어차피 목신은 한국 태생이 아니었겠지만
무대에는 암호 같은 손수건 한 장이 떨어져 있고
흰색인지 분홍색인지 이제 기억에 없지만
외곬으로 살아기던 정직의 무내에서
몇 개의 손수건 흔들리는 몸부림이 보인다.

기 도

하느님,
나를 이유 없이 울게 하소서.

눈물 속에서
당신을 보게 하시고
눈물 속에서
사람을 만나게 하시고

죽어서는
그들의 눈물로 지내게 하소서.

그 후의 강

몇 해 전 섭섭하게 헤어진 한강에
지금은 낚시꾼이 모이기 시작한다지?
폐수에 밀리던 꼽추 물고기의 시대는 가고
그 물고기들의 자손이 싱싱하게 일어나
한강을 판잡기 시작했다지?
반가워라, 강물은 흐르니까 변해야겠지.
세월은 흐르니까 변해야겠지.

강이 끝난 뭍에서는 다음 세대가 되기 전에
어둡다고 눈 비비던 청년의 눈병도
숨차다고 가슴 치던 여자의 속병도
모두 알차고 깨끗하게 낫게 되겠지.
팔팔한 강물이 되어 흐르기 시작했다니
고통의 꼽추의 시대는 쓸려나가고
거침없이 당당한 나리기 일이시겠지.

그 나라 하늘빛

80년대 후반에 쓴 시들. 미국 생활 20년이 되어서야 나름대로 정신의 안정을 찾기 시작하고 '나라'의 의미가 한국의 땅을 넘어 있을 것이라는 확신을 가지기 시작했다.

蘭

친구가 생일 선물로 놓고 간
양란을 우연히 본다.
갈색이든가, 청색이든가,
어제도 우연히 보이고
내일도 우연히 보인다.

작은 꽃, 큰 꽃, 고운 꽃,
귀여운 꽃, 탐스러운 꽃, 가녀린 꽃 중에서
색깔과 향기와 모양과 표정을 풀고
서 있는 꽃, 앉아 있는 꽃.
그 많은 전생의 기억 속에서도
언제부터 이렇게 혼자 있는 꽃.

볼수록 더 조용해지는 꽃.
자기도, 나도, 그 사이도 조용해지는
세상의 모든 잊혀짐.
몇 달쯤 그 꽃잎에 누워
편안하고 긴 잠을 자고 싶은 꽃.

그림 그리기 4

1

한 그루 나무를 그린다. 외롭겠지만
마침내 혼자 살기로 결심한 나무.
지난 여름은 시끄러웠다. 이제는
몇 개의 빈 새집을 장식처럼 매달고
이해 없는 빗소리에 귀기울이는 나무.
어둠 속에서는 아직도 뜬소문처럼
사방의 새들이 날아가고, 유혹이여.
눈물 그치지 않는 한세상의 유혹이여.

2

요즈음에는 내 나이 또래의 나무에게
관심이 많이 간다.
큰 가지가 잘려도
오랫동안 느끼지 못하고
잠시 눈을 주는 산간의 바람도
지나간 후에야 가슴이 서늘해온다.
인연의 나뭇잎 모두 날리고 난 후

반백색 그 높은 가지 끝으로
소리치며 소리치며 가리키는 것은 무엇인가.

꽃의 이유

꽃이 피는 이유를
전에는 몰랐다.
꽃이 필 적마다 꽃나무 전체가
작게 떠는 것도 몰랐다.

꽃이 지는 이유도
전에는 몰랐다.
꽃이 질 적마다 나무 주위에는
잠에서 깨어나는
물 젖은 바람 소리.

사랑해본 적이 있는가,
누가 물어보면 어쩔까.

일시 귀국

일시 귀국을 할 때마다
마음이 초라해진다.
옛 친구가 다정히 맞아주면
목메이게 초라해진다.
초라해져서 온몸이 근지럽다.
그러나 그럴는지도 모른다.
아무데서고 너무 오래 살면
초라해져서 근지러울까.
그런 모습 감추기보다는
있는 대로 사는 것이 편하다.
나이 들수록 편해지고 싶다.
그래서 일시 귀국을 하면
나는 바다처럼 편하다.

강원도의 돌

나는 수석을 전연 모르지만
참 이쁘더군,
강원도의 돌.
골짜기마다 안개 같은 물냄새
매일을 그 물소리로 귀를 닦는
강원도의 그 돌들,
참, 이쁘더군.

세상의 멀고 가까움이 무슨 상관이리.
물 속에 누워서 한 백년,
하늘이나 보면서 구름이나 배우고
돌 같은 눈으로
세상을 보고 싶더군.

참, 이쁘더군,
말끔한 고국의 고운 이마,
십일월에 떠난 강원도의 돌.

옷 벗는 나무

왕이여,
당신의 슬픔은 유전이다.
사방에서 눈치보며 숨죽이는
당신의 아까운 겨레들,
숨죽이고 몸 흔드는 겨레의 눈들,
아무리 타일러도 옷 벗고 나서는 나무들.

왕이여,
높은 산 주위에는
낮은 나무들 허리 굽혀 살고
낮은 산 둔덕에서
크고 곧은 나무가 허리 펴고 산다.
당신의 슬픔은 유전이다.
천천히 넘어지는 무리의 나무들.
아무리 가지쳐서 불태워도
한세월의 어두운 王道의 하늘.

중앙 아프리카의 가을

중앙 아프리카 정도에서는
터놓고 만날 수 있겠지.
땅도 하늘도 붙어 사는 그곳에는
글 모르는 토인들도 살고 있다니까.
골수에 사무치는 국수주의자들도
눈총의 몰매를 잠시 쉴 수 있겠지.

초점 없이 희미하게 서 있는 가을이여,
우리들의 어리석고 부끄러운 삶이
어찌 중앙 아프리카의 토인들 때문이랴만
폭력과 원한이 멋대로 판치는 땅에
아무도 막을 수 없는 평화의 두 손이여,
중앙 아프리카에도 가을이 온다는 말이 들린다.

아내의 잠

한밤에 문득 잠 깨어
옆에 누운 이십 년 동안의 아내,
작게 우는 잠꼬대를 듣는다.
간간이 신음 소리도 들린다.
불을 켜지 않은 세상이 더 잘 보인다.

멀리서 들으면 우리들 사는 소리가
결국 모두 신음 소리인지도 모르지.
어차피 혼자일 수밖에 없는 것,
그것 알게 된 것이 무슨 대수랴만,
잠속에서 직게 우는 법을 배우는 아내여,
마침내 깊어지는 당신의 내력이여.

聖灰 수요일

1

오늘은 더 많은 것들이
더 가깝게 보인다.
높고 낮음이 보이지 않는 사람들,
노래도 간간이 들린다.
방안의 정물들이 하나씩 눈을 뜨고
어깨를 기대는 모습이 정답다.

옆에서 보면 당신의 감추어진
맑은 눈물이 보이고
위에서 보면 한 떼의 새들이겠지.
몸 속에 숨어 사는 새들
날갯죽지의 많은 상처도 보인다.

서로 손을 잡는다. 눈을 감는다.
보이지 않던 당신의 아픔이 보인다.
잡은 손들이 모여 새로운 세상을 만들고
그 속에 잠긴 모든 몸이 따뜻해진다.
이 땅의 하루가 원만해지기 시작한다.

2

내 눈물은
슬픔이 넘쳐 흘러나오는 것 아니고
내 눈물은
한 맺힌 천리 밖의 하늘이 아니고
내 눈물은
서리 찬 결단의 돌에서 솟는 것 아니고
내 눈물에는, 방울마다
고마운 마음이 숨어 있게 하소서.
설사 엉뚱한 방울이 되지 못해도
단순하고 지극한 부끄러움이게 하소서.

스칸디나비아의 음악

한국 여자가 우는 것을 보았지.
스칸디나비아의 음악을 들으면서
고국을 모르는 여자는 울었지.

스칸디나비아의 음악은 휘발성이 강하지만
검은 머리를 길렀다 잘랐다 하면서
남자의 성욕도 길렀다 잘랐다 하면서
동양식 그림자를 이불처럼 덮고 자는
남쪽 항구를 향해 살고 있는 여자.

치욕은 치욕으로 알고 있으면 되는군.
어두울 때의 밀물처럼,
배를 타고 떠돌다 멈춘
바닷가의 여자는 잘 뻗은 다리로 말했지.

왼쪽 팔이 다시 저려오는군.
한번 꺾인 꽃은 추워야 오래 사는 법이래.
핑계처럼 자꾸 떨기만 하는 여자.
항구를 떠난 후에도 들리는
소문의 작은 숨소리.

며루치는 국물만 내고 끝장인가

(아내는 맛있게 끓는 국물에서 며루치를
하나씩 집어내버렸다. 국물을 다 낸 며루치는
버려야지요. 볼썽도 없고 맛도 없으니까요.)
며루치는 국물만 내고 끝장인가.

뜨겁게 끓던 그 어려운 시대에도
며루치는 곳곳에서 온몸을 던졌다.
(며루치는 비명을 쳤겠지. 뜨겁다고,
숨차다고, 아프다고, 어둡다고. 떼거리로
잡혀 생으로 말려서 온몸이 여위고
비틀어진 며루치떼의 비명을 들으면.)

시원하고 맛있는 국물을 마시면서
이제는 쓸려나간 며루치를 기억하자.
(남해의 연한 물살, 싱싱하게 헤엄치던
은빛 비늘의 젊은 며루치떼를 생각하자.
드디어 그 긴 겨울도 지나고 있다.)

우리나라의 등대

누가 우리나라의 등대를 만들까.
세상은 오늘도 가늠하기 어렵고
죽기 아니면 살기, 살기 아니면 다시 시작하기.
잔잔히 속삭이던 바다는 처음부터 없었지만
누가 우리나라의 큰 등대를 만들어
좁고 험한 바닷길을 밝게 보여줄까.
진흙을 모아 벽돌을 굽는 몇 사람이 보인다.
그 벽돌을 나르는 몇 사람과 몇 사람.
설계를 마친 몇 사람과 벽돌 쌓는 몇 사람 사이
파도가 쳐와도 일손 쉬지 않는 몇 사람이 보인다.
높은 층계를 끝까지 올라가서 그 하늘 가까이
달덩이만한 조명등을 사면에 달면
보인다, 환하게 서 있는 우리나라 강산.
그때면 벽돌 반쪽이 되어 이끼를 덮어쓴들
우리가 무엇을 억울해하랴.
흥겨운 장구 소리, 꽹과리 소리 들리는 바다,
온 나라의 땀과 눈물이 춤춘다.
누가 우리나라의 환한 등대를 만들까.
그때면 굴껍데기가 되어 물결에 흔들린들
우리가 그 어느 바다를 두려워하랴.

외로운 아들

1

아비는 코리아에서 대학을 나오고
스물몇 살, 의학 연구랍시고 미국에 왔지.
결혼을 하고 행사처럼 네가 난 거지.
너는 송아지 노래도, 나비야 노래도 잘하더니
학교에 들어가자 일 년도 못 되어 한국말을 끝내버렸어.
친구들 못 알아듣는 말에 한동안 당황해하더니.

국민학교, 중학교, 고등학교 중에
아비는 왔다갔다 한글 학교도 만들고
한글 교사를 초빙해 고개도 많이 숙였지만
너는 뜻도 모르고 읽고, 외마디소리나 할 뿐,
네 할아버지가 쓰신 동화 한 편은커녕
이 아비의 못난 시 한 줄도 이해 못 하면서
학교에서는 인기있고 똑똑한 동양계 미국인.

고등학교 졸업 때는 이 아비도 자랑스러웠지.
천여 명 학생과 학부형의 극장 무대에서
졸업생 답사를 읽으면서 농담까지 지껄이고
난데없이 학교 밴드는 아리랑을 연주해주고

학부형들 몰려와 축하의 악수와 포옹을 할 때
처음으로 동양인이 이 학교의 일등이라는 말.
텔레비에도 며칠씩 나와 경사가 났다는 말.

2

그렇게 가보고 싶다던 네 뿌리의 고국 방문,
아비가 주선한 졸업 선물의 긴 여행이었지.
그 한철 고국에서 열심히 한글을 배우고
한국의 역사에도 흥미가 많아졌다며
자랑스럽게 처음 보는 고국에 감격해하더니
석 달 만에 너는 풀죽은 배추가 되어 돌아왔지.
얼굴의 상처보다 마음에 난 상처가 더 컸겠지.
데모의 뜻도 모르고 최루탄 연기만 피해다니다가
데모에 참석하지 않는 놈은 사내도 아니라고
자기 나라 말도 제대로 모르는 놈은 바보놈이라고
너만한 대학생에게 욕먹고 돌팔매를 맞은 후
멋쩍게 웃는 네 외로움을 어떻게 달랠 수 있겠니.

민중의 노동자가 아니면 매판 자본가가 쉽게 되는 시대,

돌팔매질에 앞장서야 광이 나는 한 판과
최루탄 수없이 쏘아대는 딴 극단의 한 판,
그 사이에 보이는 어려운 방정식의 날들을,
고국의 어려운 곡예의 높이를 내가 뭘 알겠니.
너는 그래서 속한 곳이 없는 것을 알게 되었지.
때때로 자랑스럽고 좋아서 미치는 조국,
미우면 돌팔매질하고 눈물도 흘리는 조국,
그런 감정의 조국이 없다는 것을 알게 되었구나.
대학에 가서는 동양계 학생과 더욱 친해지고
숨어서는 한글 교과서를 열심히 읽는 얼굴,
아비에게 들켜서는 가늘게 웃는 상처의 얼굴.

3

아들아, 너는 오늘도 떠나는구나.
무한정의 하늘을 향해 떠나는구나.
날아라, 피터 팬같이 밤에는 별 사이를 지나서
서로 헐뜯지 않고, 서로 칭찬하는 나라,
끼리끼리 좋아하는 이론의 나라가 아니고
너그러운 나라, 따뜻한 마음의 나라를 보아라.

비가 억수로 퍼붓는 밤에도, 언제나
꿈의 피터 팬은 날을 수 있어야 한다.
겨울의 창밖도 보아라, 네 나라가 보인다.

춥고 어둡고 지쳐서 기운이 다 빠지면
그래, 이 아비가 비밀 하나를 가르쳐주마.
아비가 어릴 적 가슴 졸이며 주저하기만 하던
부드럽고 착하던 명륜동, 혜화동의 처녀들,
창신동이든 창천동이든, 나도 모르는 강남의 어디든
그 처녀들 이제 다 시집가서 풍성히 키우는 딸들,
그렇게 잘 자라는 처녀를 꼭 하나 잡도록 해라.
애걸을 해서라도, 평생을 지내자고 해라,
같은 핏줄이라는 게, 풍습이라는 게, 그게 참, 무언지.
그래야 네 눈에 보이는 외로움을 우선 가시게 된다.
그러나 나라보다 더 크고, 넓고, 푸른 곳이라며
하늘을 향해 다시 날아오르는 외로운 새처럼.

바다의 얼굴

바다가 희게 일어선다.
몇 번이고 일어서서 고함치며 달려나와
일상의 생활에서 탈출하려는
바다의 끝없는 몸부림의 힘
그래서 바다의 얼굴은 젊겠지.

늙은 바다는 중심으로 간다.
나이가 들면 안정이 제일이지
움직이는 세상에서 움직이지 않으면
어지러워 분간이 서지 않는다.
그 어지러움을 착각이라 믿으면서
안정제를 찾아 먹는 늙은 바다.

용기 있는 바다가 앞에 나선다.
한꺼번에 쓸려나가는 물의 무너짐,
그래서 바다의 얼굴은 파도겠지.
잭슨 폴락의 회색빛 무지개가 서고
파도가 지나간 땅은 단단하고 평화롭다.
이제는 혼자라고 말하지 않아도 된다.
다시 만개로 부서지는 그대의 꿈,
그 살결에 붙어 있는 바다의 많은 상처들.

밤 노래 5

신경을 너무 쓴 건가.
혈압이 오르는 건가, 글쎄.
꼭두새벽까지 잠은 오지 않고
베개 밑의 어디, 아니면 온 방안에서
삼십몇 년 전 대구 반야월골
무진장 사과나무의 매미 소리만 들리네.

그럼 아무래도 죽을 때는 심장마비일까.
외국의 전차 정거장 근처에서 가슴을 쥐고
오래 찾아 헤매던 사람을 그제야 알아보고
쓰러진 전차길에는 꽃 한 송이도 없고—
그건 소설책이었지. 그리고 소련 땅.

어디서고 세상 사는 일은 그런 거겠지.
소련이든, 미국이든, 경상북도든
깃발 휘날릴 것도 없고, 주눅들 것도 없고
하던 일 끝내지 못하기는 모두 마찬가지니까.

가깝게 흑인 영가가 들린다, 미국이로군.
매미 소리 섞인 흑인 영가가 꺼져간다.
마할리아 잭슨밖에 모르기는 하지만

나 역시 캄캄한 고아처럼 느껴지는구나.

느껴지는구나, 지는구나, 한 남자가 지는구나.
밤새 쏘다니던 한 마리 짐승이 지는구나.
미명은 말없이 창문을 열고
아직도 다 버리지 못한 欲界의 윤곽에서.

다시 만나기

장식 없는 촛대, 열 개의 손가락 끝이
빨갛게 달아오르기 시작한다.
그 불꽃이 상식의 긴 잠을 깨운다.
지상의 소리가 뜻있는 말이 되어 들린다.
속도 빠른 구름이 방을 스쳐가고
바람도 몇 개씩 보이기 시작한다.

그대가 외로워 보이던 것은
내가 외로웠던 탓이었겠지만
그보다 귀한 것이 과연 무엇이랴.
오늘은 세상것을 모두 주고 나서
가볍게 떠다니는 노래가 되고 싶다.
간단한 기쁨이 되고 싶다.

별것 없어 보이는 앞길도 차츰 어둡고
열 개의 손가락이 방안을 밝힌다.
구름이 다시 보이고, 네 바람이 보이고
순한 겨울밤의 별의 창밖,
긴 여행에서 돌아오는
기억의 발소리가 들리고.

충청도 구름
──김병익에게

1

천안의 安시인이 사진 보내주어서 보았지.
지난번 너랑 충청도를 여행하면서 찍은 것.
삽교천 둑 위에서 너는 담뱃불을 붙이고
나는 넋나간 놈같이 반쯤 입을 벌렸는데
사실 그 사진의 대부분은 하늘이었어.
그 하늘에 몇 개씩 뜬 충청도의 구름들,
구름 한 개에 다 들어가 눕도록 우리는 작았지.
사진 속 구름에게까지 신경쓰는 것은
네가 외국에 살기 때문이라고 웃겠지만
나는 왜 그 사진을 오래 보고 있었을까.
한참 보다가 마침내 내가 사진에서 지워지고
담뱃불 붙이던 너도 지워지고, 주위도 지워지고
온통 여유 있게 피어 있는 충청도 구름만 가득 찼었지.
나중에는 그 구름도, 아무것도 안 보이기는 했지만.

2

충청도 구름의 기억이 오래 남아 있는 이유는

사실 그 사진의 엄청 허망한 구도이기도 했지만
그때 네가 준 『부드러움의 힘』이라는 책을 보면서
부드러움이 힘이 될 수도 있구나 하는 발견,
떠다니는 구름도 힘이 될 수 있구나 하는 발견.
나도 부드러운 사람이 되고 싶다는 희망,
나도 충청도의 한적한 구름이 되고 싶다는 희망.
뭐 이런 평범한 연상의 결과이기도 했지만
요즈음 날 좋은 날 시간이 있으면, 외국에서도
자주 고개를 들고 구름을 보는 버릇이 생겼다.
천천히 고개를 들어, 보고, 또 보고 하지만
그래서 결국은 또 네 담배나 얼굴은 물론
구름도 하늘도 사진도 다 지워져버리고 말기는 하지만.
충청도 구름과 미국 구름이 다른 이유는 무엇일까.

3

일 년짜리 교환 교수로 미국에 혼자 온 황동규는
지겨운 일 년을 다 채우지 않고 떠나는 것이 좋아
의기양양하게 내 앞에서 날개를 닦기 시작하고
고국으로 떠나기 전날에는 술 몇 잔을 놓고

구라파 여행을 더 해보라고 내게 권했다.
(자기는 영원한 떠돌이라고 선언했지만, 모를 거야.
미국이나, 영국이나, 불란서나, 독일이나
무슨 유명한 광장이나, 미술관이나, 공원이나, 음식도
내게는 다 엇비슷하고 어색한 외국일 뿐.
충청도 구름만 눈에 보이는 혼쭐빠진 떠돌이는, 바로 나야)
충청도 구름과 미국 구름이 다른 이유는 무엇일까.

다음날, 귀국하는 동규는 네 이름과 고국을 부르면서
챔피언같이 내게 두 팔을 흔들어보였다.
멀리 이륙히는 비헹기의 폭음 옆에서
구름 한 개 싱겁게 웃고 있었다. 싱거운 미국 구름!
그렇다면 충청도 구름은 짭짤해서 다른 것인가.
충청도 사람은 많이 울었을 테니 짭짤할 수도 있겠지.
그렇구나, 나는 구름의 괴학자구나.
문득 충청도 구름 맛이 내 입에 흘러들고 있었다.

자유주의자

불란서 영화였던가. 아무것에도 얽매이지 않는 자유를 찾아 헤매던 처녀는 예뻤다. 몸과 마음이 모두 자유롭기 위해 등짐을 지고 떠난 처녀는, 사상에서도, 사회에서도, 직장에서도, 가정에서도, 공부에서도, 친구에게서도 벗어나려고, 끝까지 혼자 헤매다가 마침내 완전한 자유를 가슴에 넘치게 안고 웃었다. 그리고 완전무결한 자유의 추위와 배고픔으로 겨울의 어느 들판에서 얼어 죽었다. 나도 한때는 거기서 얼어 죽고 싶었다.

불을 꺼버린 들꽃의 얼굴이 몇 개 보였다.
죽은 후에도 날리는 긴 머리카락의 신음,
입고 있던 마지막 옷과 장식을 풀어 날린다.
그대 떠나가는 들판의 의심스런 어두움.

갈대의 피

내가 갈대를 좋아하는 이유는
죽은 듯 살아 있고
살아 있는 듯 몸을 흔들며
죽어 있기 때문이겠지.

죽고 사는 것이 같이 잘 섞여서
죽은 갈대가 산 것과 같이 노래하고
산 갈대가 죽은 갈대를 안고 춤추네.

평생 동안 한눈만 팔고 살면서
몸에서 떨어져나가는 것 다 가게 하고
손 흔들어 보내면서 웃고 있네.

아끼기 때문에 말도 하지 못하고
팔목 한번, 어깨 한번 만지지도 않는구나.
만지고 싶어라, 날아가는 흰 갈대꽃!
매일 흘리는 피도 아무에게 보이지 않네.

새벽 산책

아들아, 새벽의 아들아,
새벽에 보면 바다는 없고
물기 없는 물소리만 들리고
고개 들어 새벽 하늘을 보면
하늘은 다 어느새 흩어져버리고
우리들의 인연만 남아 있구나.

돌아가는 발소리에 새삼 놀라느니
새벽이 몰고 오는 새로운 풍경을
어찌 피하면서 무서워만 하리.
내일은 내가 땅이 되고 네가 그 위에 서서
네 식솔과 함께 팔을 걷어올리고
곡식도 과일도 땀 흘려 거둘 것이니
새벽 안개 위를 걸어가는 은은함이여.

아들아, 새벽의 희미한 아들아,
아무것도 밑진 것 없고 억울한 것 없다.
나는 곧, 잘 어울리는 새벽 안개가 되어
걷는지 나는지 분간할 수 없는 길섶에 서리니
빈자리에 남아 있는 쓸모 없는 꽃밭이나 노래나
내가 오래 아끼던 안쓰러움 몇 개도 네가 보아라.

그림 그리기 5

그리던 나무를 아무래도 지워야겠다.

혼자서 멀리 떠나야만
길고 편한 잠 이룰 수 있는 것 알면서
땅에 떨어지기 싫어하는
낙엽이 있다면 어쩌겠냐.

바람은 밤낮으로 거칠게 불어대고
겨울이 되기 전에 땅이 되어야 하는
약속의 시간을 어긴다면 어쩌겠냐.
언제 우리 마음을 완전히 풀어놓고
언제 인연의 수갑을 두 팔에서 풀어놓고
정신없이 밀린 잠을 잘 수 있으랴.

마지막 날의 그림을 그린다.
마무리하던 나무를 지우고, 그 위에
모든 색깔을 다 지우고,
짧고 간단한 향기를 그린다.

편안하다는 것은 결국 무엇일까.
우리가 다시 만날 때는

나무 옆에 서 있는 향기가 되겠지.
여기 있다고 말할 것도 없고
생각도 없이, 만질 것도 없이
밤낮으로 보고만 있으면 편안하지 않겠냐.

지나간 날들의 많은 영혼이 돌아오면
우리들의 빈집을 그냥 내어주고
가방 가득히 들고 다니던 사랑도
우리들 긴 잠 속에 놓고 오면 되겠지.

중년의 질병

1. 꽃

해늦은 저녁, 병원 뜰에서
꽃에게 말을 거는 사람을 본다.
조용히 건네는 말의 품위가
깨끗하고 거침이 없다.
나도 말을 먼저 했어야 했다.
꽃 하나의 대답을 듣고 고개를 끄덕이고
부끄러워 얼굴을 붉히는 사람.
꽃에게 말하는 이의 길고 추운 그림자,
저녁의 꽃은 춥고 아름답다.

2. 새

비 오는 날에는, 알겠지만
새들은 그냥 비를 맞는다.
하루종일 비 오면 하루종일 맞고
비가 심하게 내리는 날에는
새들은 말을 하지 않는다.
새들은 눈을 감는다.

말을 하지 않는 당신의 눈의 그늘,
그 사이로 내리는 어둡고 섭섭한 비,
나도 당신처럼 젖은 적이 있었다.
다시 돌아서고 돌아서고 했지만
표정 죽인 장님이 된 적이 있었다.

요즈음의 건강법

한국의 시인이라고 기를 쓰는 내가
외국에 오래 사는 것도 참 꼴불견인데
의사랍시고 며칠 전 피검사를 하니까
내 핏속에 기름이 둥둥 떠다닌다네.
아마 내가 개같이 욕심이 많은 탓이겠지.
남의 차지까지 다 빼앗아 쥐고
그 기름을 줄줄 마셔댄 모양이지.

자식들이 아직 어린데 혹시 죽기라도 할까봐
집에서는 갑자기 달걀도 걷어가고
쇠기름도, 돼지고기도 다 걷어기지만,
내 건강, 내 섭생이야, 내가 알지.
암, 내가 의사인데, 내가 알지.

강원도 원주군, 아니면 명주군 이십 리 밖,
경상도 논두렁 건너, 실개천 근처쯤,
꽃이라도 갈아서 병원 한 칸 차려놓고
병이야 원래부터 하느님이 고치시는 것,
나는 옆에서 조수 노릇이나 하다가
석양녘 출출해질 때면 슬그머니 일어나
허름한 술집에 들러 소주 한 병을 까고

아, 기우는 해, 그네 탄 기분으로 흔들리면서
오래 못 들었던 노랫가락 흥얼대보면
아무리 독한 욕심의 기름인들 당할까보냐.
그 기름 다 토해내서 기름진 땅을 만드는 거지.

내가 의사라니까, 내 건강이야 내가 알지.
세월이 아무리 지났다고 해도 고국에서라면
죽은 것도 산 것이고, 산 것도 다 산 것이려니
젠장, 그때면 죽고 살고가 또 무슨 문제랴.
땅 위에서건, 땅 밑에서건 또 좌우지간
슴슴한 산에서 슴슴한 나물도 캐어먹고
다음날을 단단히 약속 안 해도
어김없이 고국의 해는 솟아나오렷다.
아, 다음날도 다음날도 고국에 있었구나.
네 눈이 정다운 약이고 네 말이 바로 신명이다.

암, 기름 빼는 법은 내가 알지.
피난 시절 부산 부둣가, 시꺼먼 기름 바다,
내 피가 어느새 검게 기름을 먹은 모양이지.
기름은 몸 안에서 몸을 튀기는구나.
비린내 나는 자갈치시장이 그리워지더라니

비 오는 날에도 잘 보이는 부둣가의 불빛,
자꾸 우는 파도 소리를 온 얼굴에 뒤집어쓰고
소금 냄새 전 우동집, 뜨거운 국물을 마시면
기름이야 기분처럼 낮은 하늘로 올라가고
나는 부끄러워 눈물이 쏟아지겠지.
할 수 없다, 파도 소리에 부끄러워져도 할 수 없다.
자식들이 아직 어려도 눈물은 할 수 없다.

목이 아프다. 서양의 큰 키들을 당해내려고
젊은 날 내내 목을 뺀 탓이겠지.
목이 아프면 목에도 머리에도 기름이 고인대.
눈에도 기름이 고여 세상이 희미하게 보이는군.
그래도 내 건강법은 내가 알지, 글쎄, 의사라니까.
옛날 친구들 졸라 어디 조용한 산간에 가서
봄 아지랑이 속에 묻혀 머칠만 몸 녹이면 된다.
가을이라면, 보일 듯 말 듯한 코스모스 판에 들어가
너도나도 함께 은근히 목을 흔들어대면 된다.
물론이지, 눈도 밝아지고 머리도 깨끗해지지.
암, 그래야 결국에는 꽃이 되든 물이 되든 하겠지.
암, 그래야 내가 구름이 되든 안개가 되든 하겠지.

변 명

흐르는 물은
외롭지 않은 줄 알았다.
어깨를 들썩이며 몸을 흔들며
예식의 춤과 노래로 빛나던 물길,
사는 것은 이런 것이라고 말했다지만
가볍게 보아온 세상의 흐름과 가벼림.
오늘에야 내가 물이 되어
물의 얼굴을 보게 되다니.

그러나 흐르는 물만으로는 다 대답할 수 없구나.
엉뚱한 도시의 한쪽을 가로질러
길 이름도 방향도 모르는 채 흘러가느니
헤어지고 만나고 다시 헤어지는 우리.

물이 낮은 곳으로 흐르는 마음도 알 것 같으다.
밤새 깨어 있는 물의 신호등,
끝내지 않는 물의 말소리도 알 것 같으다.

늦가을 바다

우리들의 평화가 가깝게 다가와서
형제들의 물살과 서로 섞이는구나.
엉기고 뒹굴면서 하나가 되는구나.
물살 되어서 결국 보이지 말거라.
수심이 보이지 않는 당신을 어루만진다.

문득 지나간 날의 흰 파도 한 개,
우리들의 몸도 이렇게 만나서 부딪치면
당신도 몸 사리지 못하고 꽃이 되겠지.
그 꽃 피어나는 몸짓이 되겠지.

어느 틈에 벌써 어두워지는 바다,
사면이 좁아서 내 눈이 새삼 밝아지고
더 이상 파도 소리 들리지 않아서
두 귀는 더 맑아지는구나.

어깨를 숙이는 올해의 마지막 가을,
너를 놓아두어라, 아무도 없는 내 저녁 근처,
흔들리는 연옥의 부끄러운 두 손,
너를 놓아두어라, 빈 바다의 복판에
희미한 네 얼굴이 멀어지고 있다.

무너지는 새

가을이 되면 새들은 모두
함께 무리져서 날기 시작한다.
끼리끼리 같은 방향으로
노래도 같은 곡조를 부르기 시작한다.
(자기 무게를 모르는 새들만
높이 날 수가 있다고 했지.)

한 떼의 새가 몰려온 적이 있었다.
건강한 날개의 노래를 부르면서
어울려 소주를 마시면서 살자고 했다.
나는 과학같이 정확하고 싶었다.
(가을이 되기 전에 내가 떠났다.)

그 후에 가을이 되면 나는 하늘을 본다.
하늘을 보면 언제나 다 보인다.
한 떼의 새가 날아간 자리에
혼자 있구나, 하고 써 있는 게 보인다.
(혼자 있으면 생각이 많아지지.
많으면 날 수가 없지.)

혼자 있구나. 나도 모르는 탈바가지 쓰고

어지럼증에 시달리는 톱니바퀴의 평생,
날개에 묻은 많은 흔적을 씻을 수가 없다.

이승의 무게를 버리려고 무너지는 새.

밤의 사중주

1

문이 잠겨 있지 않느냐.
당신이 꽃이라면
나는 꽃의 남편이 되겠다.
웃는 얼굴로 한 계절 보낸 후
당신이 시들어 고개를 내릴 때
나이든 전신을 다시 적시는.

죽은 꽃들이 조용히 손잡고 지나간다.
남편들이 머뭇대며 그 뒤를 따라간다.
스물몇 살의 꽃이 한겨울에 피어난다.
꽃피는 소리만 들린다.

2

문 열어라, 에미야.
빈집의 문을 두드리는 오랜 불면증,
잠속의 의심은 내 허기증.
흉흉한 소문이 도시를 덮을 때

날지 못하는 새가 되어 목이 메인다.
유태인 수용소의 시체 더미 위의 밤,
작곡가는 마지막 날의 음악을 쓰고
육이오 때는 병원 뒤뜰에 높이 쌓인 시체들,
사람이 사람을 죽이는 외마디 음악이 들린다.
밤마다 억울한 시체는 썩으면서 울었다.

3

밤에는 바람의 색깔이 달라진다.
눈 덮인 들판의 과거가 아득히
우리들의 마음에서 모두 걷히고
돌보지 않던 땅이 바다가 된다.
모래들은 모여서 밀리고 뒹굴면서
오래오래 소리치는 땅 위의 흔적.
겨울의 바다처럼 살을 찢어서
떠나는 항구의 불빛을 보아라.
반가워라, 문이 열린다.

산 안에 또 산이

산 안에 또 산이 하나 있구나.
눈앞에 보이는 산 안에
숨어 사는 산이 있으니
산에 오르면 싱싱하게
산이 하는 말을 들을 수 있구나.
거친 산의 피부 안에
깊고 부드러운 산냄새.

물 안에 물이 없으면
우리들이 물 안에 보일 리도 없겠지.
바다에 혼자 나가서도
멀리서 오는 말을 들을 수가 없겠지.

그러니 내 속에 내가 있는 것도 할 수 없겠지.
내 속에 숨어 사는 나보다 작은 목숨,
조용하면 들리는 말소리의 혼.

비 오는 날

구름이 구름을 만나면
큰 소리를 내듯이
아, 하고 나도 모르게 소리치면서
그렇게 만나고 싶다, 당신을.

구름이 구름을 갑자기 만나면
환한 불을 일시에 켜듯이
나도 당신을 만나서
잃어버린 내 환한 불을 다시 찾고 싶다.

비가 부르는 노래의 높고 낮음을
나는 같이 따라 부를 수가 없지만
비는 비끼리 만나야 서로 젖는다고
당신은 눈부시게 내게 알려준다.

무용 8

안토니 튜도의 안무가 어둡다.
오래 전 백조의 호수 근처에서
군무에 섞여 있던 어린 새,
새의 누이동생은 재혼하고
짝이 맞지 않는 호수의 물살,
물살의 시야가 어둡다.

조명은 침묵처럼 변하지 않고
토슈즈를 신은 발이 가늘게 떤다.
아직도 두 손을 따라가고 있는 눈,
누이동생의 눈 밑이 무거워진다.

우리의 일상은 무대의 배경이다.
안경을 고쳐 써도 날씨는 바뀌지 않고
안토니 튜도의 안무가 흐려진다.
경사진 무대의 불안정,
누가 포기하지 않는다고 소리친다.
나도 포기하지 않는다고 소리친다.
아무도 없는 무대가 살아서 일어선다.

겨울 기도 1

하느님, 추워하며 살게 하소서.
이불이 얇은 자의 시린 마음을
잊지 않게 하시고
돌아갈 수 있는 몇 평의 방을
고마워하게 하소서.

겨울에 살게 하소서.
여름의 열기 후에 낙엽으로 날리는
한정 없는 미련을 잠재우시고
쌓인 눈 속에 편히 잠들 수 있는
당신의 긴 뜻을 알게 하소서.

겨울 기도 2

1

이 겨울에도 채워주소서.
며칠째 눈 오는 소리로 마음을 채워
손 내밀면 멀리 있는 약속도 느끼게 하시고
무너지고 일어서는 소리도 듣게 하소서.
떠난 자들도 당신의 무릎에 기대어
포근하게 긴 잠을 자게 하소서.
왜 깨어 있지 않았느냐고 꾸짖지 마시고
당신에게 교만한 자도 살피소서.
어리석게 실속만 차리는 꿈속에서도
당신의 아픔은 당하지 않게 하소서.
겨울의 하느님은 참 편안하구나.

2

내가 눈물을 닦으면
당신은 웃고 있다.
당신은 언제까지나
슬픔 속의 노래다.

노래 속의 기쁨이다.
벌판에서 혼자 떨던 나무도
저 멀리 다음해까지
옷 벗어던지고 혼절해버렸구나.
내가 아는 하느님은 편안하구나.

떠다니는 노래

허둥대며 지나가는 출근길에서
가로수 하나를 점찍어두었다가
저문 어느 날 그 나무 위에
새 둥지 하나를 만들어놓아야지.
살다가 어지럽고 힘겨울 때면
가벼운 새가 되어 쉬어가야지.
옆에 사는 새들이 놀라지 않게
몸짓도 없애고 소리도 죽이고,
떠다니는 영혼이 알은체하면
그 추운 마음도 쉬어가게 해야지.

둥지의 문을 열어놓고 무엇을 할까.
얼굴에 묻어 있는 바람이나 씻어줄까.
조건을 달지 않으면 모두가 가볍군.
우리들의 난감한 사연도 쉽게 만나서
당신 속에 들어가 잠을 청해도
이제는 아프지도 않은지 웃고 있구나.

빈센트의 추억

1. 겨울의 신부

보고 싶은 동생아,
겨울은 참으로
살기가 힘들다.

내 몸의 창문은
모두 얼어붙어서
그리운 풍경은 보이지 않고
어둡고 습기찬 길마저
움직이지 않는구나.

극진한 사랑은, 아마,
사람의 추위 속에서
완성된다.

만삭이 된 여자 거지와
신혼 살림을 차린,
빈센트 반 고흐의 결심이
우리를 떠나지 않는다.
그 뒤에는 눈이 내리고

이름 모를 눈송이 몇 개는
정신도 차리지 못한 채
이제는 서로 같이 껴안고 마는구나.

2. 바람의 색깔

내 그림에서 너는 바람을 보느냐.
바람을 지우면 나는 죽은 꽃이다.

나는 꽃 속에다 집을 짓겠다.
그 꽃이 잘 익어 잠이 깰 때쯤,
바람은 길을 떠나면서 손을 흔든다.
테오야, 세월은 계시다.

겨울이 오기 전에 전해야겠다.
숨가쁘게 살아온 어울리지 않는 내 생업이
언제쯤 잔가지 끝에 열매로 보이리니
그 과육을 씹으면서, 동생아,
이 세상 바람의 쓰고 단맛을 다 맛볼 수 있겠느냐.

그러니 나는 부자다.
나는 생시를 바람으로 바꾸면서 살아왔다.
이제는 더 돈을 부칠 필요가 없다.
나는 내 목숨이 많은 바람이 되어
빛나는 기쁨으로 세상에 퍼지는 것을 본다.

3. 중국인 빈센트

누가 빈센트를 죽였나.
(20대의 중국계 청년 빈센트는 자동차 도시 디트로이트의 어느 술집에서, 난데없이 내리치는 백인의 몽둥이에 머리가 으깨져 죽었다. 자동차 회사에서 해고를 당한 후부터, 동양인은 다 죽여야 한다고 주정을 사주 했다지. 싼 임금으로 만든 동양의 자동차가 수입되어서 자기가 밀려난 거라며, 일본 차를 까듯 술김에 한 방 쳤지.)

누가 빈센트를 죽였나.
(재판정에서 백인 재판장은 술김의 실수니까, 특별히 용서를 한다고 가벼운 징역 2년형을 내리고, 얼마 있다가 살인한 백인을 무죄 석방시켰다.)

누가 빈센트를 죽였나.

(우리는 데모를 하고, 공정한 재판을 하라, 동양 사람 차별이다, 고함을 치다가, 모두들 비켜 지나가는, 눈 내리는 도시 한복판에서 고함을 치다가, 보이지 않는 겨울 하늘을 향해 주먹을 던지다가, 지쳐서 돌아오는 내 얼굴, 아직도 뜨겁게 달아 있더군.)

누가 오래된 빈센트를 죽였나.

(테오야, 궁색하게 남의 나라에 와 살면서 공연히 억울해하는 내가 우습지? 누가 미국에서 살라고 했냐고 말해주고 싶지? 그래, 네 말이 다 맞다. 그러나 너도 한번 뒤돌아보아라. 피부색보다 더 연한 정치색이 다르다고, 아직도 사람이 사람을 패서 죽이고 있다. 물통에 머리도 쑤셔박고 있다.)

누가 오래된 우리의 빈센트를 죽였나.

4. 추억의 자유

테오야, 나는 완전한 자유인이고 싶었다.
그래서 나는 젊은 날에 길을 떠났다.

자유인은 외로울 수밖에 없는 것을 알았다.
자유의 이름을 부를 때 나는 혼자였다.

테오야. 자유는 내게 유일한 가능성이었다.
자유인은 간섭하지 않고 구속되지 않는다.
나는 더 이상 수갑을 차고 싶지 않았다.
나는 누구의 이름도 부르지 않았다.

핑계는 대지 않겠다.
요즈음은 해가 한꺼번에 열 개도 보인다.
몇 개의 해가 몸 흔들면서 말하는 소리도 들린다.
철창문 사이로 보이는 넓은 들판의 전체가
낮에도 밤에도 쉴새없이 날아다닌다.
신명나는 춤이 내 몸을 뜨겁게 달군다.
너에게도 보여주고 싶다.
하늘이 줄줄이 들판에 내려오고
나무와 들풀과 구름이 서로 몸을 감아대며 운다.

테오야. 내 말을 잘 들어다오.
어쩌면 나는 고향에 돌아가지 못할 것 같다.
정신병원의 무너지는 건물이 나를 붙잡고 놓지 않는다.

나도 고향에서 너와 함께 한번쯤 살고 싶었다.

감자를 깎던 고향 사람들이 그립다.
그러나 나는 완전한 홀란드의 구호가 낯설고
휘두르는 정의의 각목도, 단호한 함성도,
내가 혼자 익혀온 열병 같은 춤과는 바꿀 수가 없다.

테오야, 내가 가는 길은 아직도 멀고 힘들다.
나는 자주 저 소리치는 풀숲에 섞이고 싶다.
저 숲에서 드디어 내 조용한 저녁을 맞고 싶다.
끝없이 꿈을 꾸면서 쉬고 싶다.
자유의 진한 냄새가 또 나를 오라고 부른다.

물빛 1

　내가 죽어서 물이 된다는 것을 생각하면 가끔 쓸쓸해집니다. 산골짝 도랑물에 섞여 흘러내릴 때, 그 작은 물소리를 들으면서 누가 내 목소리를 알아들을까요. 냇물에 섞인 나는 물이 되었다고 해도 처음에는 깨끗하지 않겠지요. 흐르면서 또 흐르면서, 생전에 지은 죄를 조금씩 씻어내고, 생전에 맺혀 있던 여한도 씻어내고, 외로웠던 저녁, 슬펐던 앙금들을 한 개씩 씻어내다보면, 결국에는 욕심 다 벗은 깨끗한 물이 될까요. 정말 깨끗한 물이 될 수 있다면 그때는 내가 당신을 부르겠습니다. 당신은 그 물 속에 당신을 비춰 보여주세요. 내 목소리를 귀담아들어주세요. 나는 허황스러운 몸짓을 털어버리고 웃으면서, 당신과 오래 같이 살고 싶었다고 고백하겠습니다. 당신은 그제서야 처음으로 내 온몸과 마음을 함께 가지게 될 것입니다. 누가 누구를 송두리째 가진다는 뜻을 알 것 같습니까. 부디 당신은 그 물을 떠서 손도 씻고 목도 축이세요. 당신의 피곤했던 한 세월의 목마름도 조금은 가셔지겠지요. 그러면 나는 당신의 몸 안에서 당신이 될 것입니다. 그리고 니는 내가 죽어서 물이 된 것이 전연 쓸쓸한 일이 아닌 것을 비로소 알게 될 것입니다.

물빛 2

이제는 기다리지 않아도 되리.
베드로는 중동의 강물 위를 걷다가
갑자기 풍랑이 무서워 물에 빠졌는데
나는 벌써부터 그 물에 다 젖은 채
하루 만에 마음 약한 사탄이 되기도 하고.
하늘 위의 물빛, 먼 나라의 물빛.

아니면, 십 년 전 돌아가신 우리 최신부님,
서울 용산구 반 평짜리 무덤에 누워 계신
신부님 옆에 남아 있는 색깔 없는 가난.
돌아가실 때까지 읽으신 「시편」들이 일어나
이제서야 나를 시원하고 부끄럽게 하네.
신부님의 물빛, 어릴 적의 물빛.

　―오, 내 나이 어릴 때/내 입은 가볍고
　　바다 위에 떠 놀기/나 참 원했네.
　　지금 남천 바라볼 때/늘 들리는 것은

고개를 많이 넘고 나서야 내가 찾은 뚜나,
하느님의 도시는 언제나 물 위에 떠 있고
신부님의 노래도 내 물 위에 떠 있고

중동의 풍랑이 몰아치는 생시의 밤낮
신부님의 「시편」을 읽는 내 작은 뚜나.
내 눈의 물빛, 다시 찾은 물빛.

여름 편지

무모한 여름이여.
꽃들은 여기저기서
책임도 지지 못할
임신을 하고,
풀도, 나무도, 나도
여름이면 도둑처럼
지붕 위로 올라갔었다.

지붕 위의 하늘은
몇 개쯤이었던가.
애매한 맹세를 은근히
사방에 흘리면서
날개 빠른 새가 되어
사방을 들뜨게 했다.
아, 정말 들뜨게 했다.
모든 약속이 아름답게
향기처럼 우리를 울렸다.

궁색한 여름이여.
우리가 믿은 하늘은
구름처럼 희고

트럼펫 소리는 높고 낮게
춤을 추었다.
그리고 우리는 잤다.
잠속에 내린 소낙비가
여름을 적시고
피부에 남은 물기가
차갑게 외면할 때까지
우리는 바람을 타고 있었다.

파랑새도 굴뚝새도
돌아가야 할 길은
가르쳐주지 않았다.
우리는 그해부터
늙기 시작했다.

우화의 강 1

사람이 사람을 만나 서로 좋아하면
두 사람 사이에 물길이 튼다.
한쪽이 슬퍼지면 친구도 가슴이 메이고
기뻐서 출렁거리면 그 물살은 밝게 빛나서
친구의 웃음 소리가 강물의 끝에서도 들린다.

처음 열린 물길은 짧고 어색해서
서로 물을 보내고 자주 섞여야겠지만
한세상 유장한 정성의 물길이 흔할 수야 없겠지.
넘치지도 마르지도 않는 수려한 강물이 흔할 수야 없겠지.

긴말 전하지 않아도 미리 물살로 알아듣고
몇 해쯤 만나지 못해도 밤잠이 어렵지 않은 강,
아무려면 큰 강이 아무 의미도 없이 흐르고 있으랴.
세상에서 사람을 만나 오래 좋아하는 것이
죽고 사는 일처럼 쉽고 가벼울 수 있으랴.

큰 강의 시작과 끝은 어차피 알 수 없는 일이지만
물길을 항상 맑게 고집하는 사람과 친하고 싶다.
내 혼이 잠잘 때 그대가 나를 지켜보아주고
그대를 생각할 때면 언제나 싱싱한 강물이 보이는
시원하고 고운 사람을 친하고 싶다.

우화의 강 2
── 황동규에게

싸구려 유행가처럼 흥얼거려온
체코 나라 스메타나의 「몰다우 강」이
오늘은 강물이 되어 몸을 적신다.
외국에 오래 나와 살던 작곡가는 귀가 멀고
늙고 그리운 고향 노래가 나를 적신다.

동구라파의 수도 프라하를 가로지르는 노래.
「몰다우 강」, 혹은 블타바 강은 엘베로 합치고
한강은 서울을 거쳐 서해로 합치고
교향시곡 「내 조국」 중에서도 빠른 물결이
안개 자욱한 이 나라의 새벽을 깨우고 있다.

촌놈 같은 작곡가는 외국에서만 대접받고
제 나라에 돌아오면 언제나 외면당했다지.
19세기였지만, 멀리 떨어져 살아보지 않고는
「내 조국」이라는 제목을 선뜻 붙이기는 힘들었겠지.
고구려와 신라와 백제 사람들의 혼령을
전철 타고 출근하는 친구들에게 보여주려면
맑은 계곡을 거쳐 수석을 다듬어내는 손길로
그 강의 이름을 불러줄밖에 없겠지.

중학교 때 같이 휘파람 불던 친구에게
갑자기 내가 다시 「몰다우 강」이 좋아졌다면
어이없어 어깨를 치며 웃고 말겠지만
웃어도 아름다운 강물은 끝없이 흘러라.
어차피 작은 마을 돌아가는 한강의 지류는
내게는 이제 들리지도 보이지도 않는다.

작곡가는 너무 늙어서 귀가 다 먼 뒤에야
기억의 물소리들을 모아 「몰다우 강」을 만들고
수천 년 같이 흐르던 강물의 혼령이 되어
고국의 긴 꿈 속에서 깨어나지 않는구나.

(고국을 떠나 살던 체코 지휘자 큐브릭이/삼십 년 만인가 귀국해/얼마 전 몰다우 강가 노천 연주장에서/눈물 흘리며 스메타나를 연주하고/오랜 감옥 생활에 이력이 난 극작가 하벨은/새 나라의 대통령이 되어/군중 속에 끼여앉아/그 강의 연주를 조용히 듣고 있었다./배경으로/가는 비가 내리는 것이 보였다.)

밤 노래 6

모르는 것도 알은척
아는 것도 모르는 척
낮은 담 넘어가듯
한세상을 슬그머니 살고
옆에서 보면 따뜻한
만지면 모질게 차가운.
(검둥이의 피아노나
흰둥이의 콘트라베이스나
노란둥이의 기타까지도.)

생각할 것도 기억힐 것도 없이
머리를 작게 생략하고
흉계 꾸밀 손도 없이 발도 없이
질긴 근육으로 온몸을 감고
꿈틀대며 밤을 뒤집는.
(밤에 일어나는 소리는
두 눈을 긴장시킨다.
소리 안에 나를 감추고 싶다.)

웃을 줄 모르는 눈,
한마디 말도 못 만드는 혀

모멸의 눈총을 받아도
침묵의 주위를 살피러 가는.
(홍이 홍을 감는다.
홍이 물이 되어 고인다.
물의 한숨을 들으러 가자.)

한평생을 보러 가자.
흙으로 가슴 문지르며
흙을 안고 흙을 먹는구나.
움직이지도 않은 채
뱀은 흙이 되는구나.
(아무도 모르게 흙이 되는 재즈
새롭고 넓은 밤이 되살아난다.)

항구에서

길고 황망한 객지 생활을 떠나
도착한 나라여.
어느새 저녁이 되어버린 나이에
지척이 어두운 장님이 되고
항구에는 해묵은 파도만 쌓여 있구나.

새벽 출항의 뱃머리들은
이제 다, 잘들 있거라.
고통은, 말 많은 사랑 중에서
사랑이 아니었던 것을
씻어버린다고 했지.

씻기고 찢어진 항해의 뒷길.
바람에 휩싸인 가로등 몇 개만
힘든 귀환을 기억해주는구나.
고통만이 희미하게 불빛이 되어
얼굴 없는 사랑을 비춰주고 있구나.

日記, 넋놓고 살기

1. 아침 여섯시

고국에서나 외국에서나
술을 좀 마셨거나 책을 읽었거나
내 기상 시간은 변하지 않는다.

세상 밖으로 몰아내는 시계 우는 소리,
오늘인지 어제인지 분간할 수 없는
차가운 바깥이 어둡고 길게 누워서
잡아도 손에 남지 않는 식권을 전해준다.

보아도 아무것도 눈에 남지 않는 시간,
그런 시간에 나는 이불 한 겹을 들고
전라남도 순천에 가서 한잠 자고 싶다.
민틋한 산중턱에 해가 훨씬 떠오를 때까지.

2. 내 생애는 성공하겠습니까?

딴 도시의 대학 기숙사에 가 있는 둘째는
자기 전공보다 동북아시아의 종교에 더 취해 있다.

고려말의 큰스님 지눌을 제일 좋아하고
화엄과 참선을 영어책으로 공부하고 있다.
—아버지, 안녕하십니까?
　　내 생애는 성공하겠습니까?
조금 배운 한글로 편지를 보내왔다.
인권 변호사가 되어 소수 민족을 돕고 싶다는
여자 친구 하나 못 사귀어본 둘째가 보고 싶다.
오늘은 장거리 전화라도 해주어야겠다.
너만 좋다면 생애도 성공도 걱정하지 말라고.

3. 오후 네시 이후

하던 일 잠시 놓고
빛 비낀 창밖의 나이를 세어본다.
너무 멀리 떠나 있는
시야를 감아들인다.
과녁이 보이지 않는
활과 촉은
이미 죽어버린
풍경에 지나지 않는다.

환자를 보다가, 뛰다가
땀에 젖은 내의를 벗어서
남몰래 아래층 서랍 속에 넣는다.
한기가 피곤처럼 몰려와서 말한다.
―생명은 한 오리 바람결 같다.
돈을 쉽게 벌지는 말기,
땀 흘려 한철의 식단을 마련하기,
때문은 재산은 많이 가질 수 없기.

다시 저녁 찬비가
온몸 안으로 내린다.
규칙적인 생활인의
규칙적인 심장이
빗물에 씻겨서 눈을 뜰 수 없다.

죽어서도 비를 맞고 있는
서서 죽은 나무 앞에
죽어서 또 오래 서 있는
팔 벌린 한 남자를 본다.

오늘은 위로받고 싶다.
숨겨오던 이기심이 보인다 해도
나는 할말이 없다.
저녁나절은 나이 먹은 감기처럼
눅눅하게 젖어서 내게 온다.
—위로받고 싶다.

4. 밤 열한시에서 새벽

집 안이 조용하다.
결국 아무도 오지 않았다.
내가 사는 동네가 가라앉는다.
—해체론, 대화론, 후기 구조주의,
  포스트모던, 디컨스트릭션, 후기
  데리다, 바흐친, 루카치,
  이데올로기, 오르기—내리기
  탈이데올로기, 내리기—오르기
  탈권력, 통일, 탈통일—
  탈통일?

밤이 깊어지면 뜨거운 책을 덮고
시원한 달덩이, 탈통일 두 개 떠 있는
라만차에서 만나자.
서울의 달과 평양의 달이
함께 떠서 놀고 있는 빈터,
세계의 먼 곳에서 만나자.
그 땅의 밤은 열려 있어서 밝다.
내 눈이 네 눈에 들어가 쉬고
네 손이 내 가슴이 되어 뛴다.
밤새도 새를 만나서 즐겁고
마른 개도 개를 만나서 기쁘고
사람은 사람을 만나서 그냥 반가운
개포동, 이태원, 청진동, 묵동……
라만차 언덕에서 만나자.

아침이 사방에서 열리면
풍차가 천천히 돌기 시작하겠지.
하루치, 루카치의 햇살은 넉넉하게
온 땅에 속속들이 지절대며 내리고
선이 굵은 올리브나무가 지천으로 서서
언덕마다 고개마다 몰려다니는

선이 약한 올리브나무를 손잡아주겠지.

라만차에서 만나자.
돈 키호테는 별을 세다 별이 되어 늦잠을 자고
철갑옷을 입은 채 넘어지고 또 넘어진다.
우리를 밤마다 유혹하는 소리 없는 노래들,
둘시네아 아가씨의 바호친, 치마 속 흰 살,
아무도 미워하지 않고 의심하지 않는
살아서 걸어다니는 이 마을 언덕,
아무 만차에서도 만나자.
벌거벗은 이웃, 라만차에서 만나자.

아시시의 감나무

1

내가 그해에 방문했을 때
아시시의 키 작은 거지는
이승의 새들과 놀고 있었다.
아무도 거두어주지 않은 노을이
사방에서 춤추고 있었다.
이름없는 늑대 한 마리가
노을을 보면서 노래하고 있었다.
키 작은 거지가 웃으면서
감나무 밑을 지나가고 있었다.

2

개울물은 다음날 대낮에도
가난만 남기고 떠난다.
좁고 가파른 골목을 채우는
천년 묵은 바람의 겉옷들
내려올 때는 언제나
온몸이 산뜻하게 가벼워진다.

목쉰 감나무들이 무더기로 웃고 있다.
아무것도 가진 것 없는 하늘이
전혀 부끄러워하지를 않는다.

3

그 거지는 돌아가신 내 아버지에게
길고 긴 가난의 예식을 전해주고
길가의 모래알도 한 개 전해주고
저녁의 들판을 지나가고 있었다.
이틀째에도 세상은 예상한 대로였다.
익지 않은 감 한 개가 나무에서 나와
헤픈 웃음을 내 살 속에 넣어주었다.
아프고 쓰라린 선물의 상처가 보였다.
오른쪽 옆구리 가슴 밑에서
세월 지난 아버지의 웃음기가 보였다.

4

깨어나라,
아직 채 잠들지 않은 몸,
모두, 어디서나, 일어나라.
나는 용서받기로 결심했다.

아시시의 새벽 안개는
처음 보는 희한한 색깔로 눈뜨고
땅들이 술렁거리는 소리 들린다.
그 위에 몇 마리 새가 웃고 있다.
눈에 익은 새들이 웃고 있다.
날아라, 내 몸!
아직 채 눈감고 있는 내 몸!

　　　* 아시시 Assisi: 프란체스코 성인이 나고 자라고 죽은 이탈리아의 산골 마을.

방 1

작은 창문 밖으로
별들의 의도만 보이고
지나간 시간들이 모여앉아
서로 잡고 놓지 않는다.
티끌 같은 세상이
긴 바람을 미련 없이 떠나보내고.

지난밤에 도착했습니다.
흔들리는 당신의 방에 들어가
작은 등피불을 켰습니다.
주소도 아직 확실치 않은
가벼운 이불 속에 나를 감추고.

방 2

낮은 천장이 경사로 미끄러져
바다 쪽으로 혼들은 빠져나가고
해묵은 밀물 소리 가득한 방에서
상처의 무게를 확인하고 싶었다.

긴 유랑에서 돌아오는 파도가
흰 몸을 열고 다가선다.
"바닷가에 살면서
배가 쉬는 항구가 되고"
하늘의 그림자가 몸 안에서 젖는다.

들리다가 지나가버리는 옛날의 물결,
어지러운 어깨에 두 손을 얹고,
방 속을 헤매고 있는 아득한 신음.

영희네 집

1

나같이 어리벙벙한 어느 나라 교포가 되어
인사동 골목에서 '영희네 집'을 찾는 것은
물리학 박사학위만큼이나 어렵다.
차값도 모르는 지하실 다방에 앉아
미친놈같이 싱글거리다가 아가씨 눈치나 보이고
화장실을 변소라고 했다가 다시 눈치받고 나와서
우물거리며 고서점도 화랑도 기웃거리다가
저녁나절 틈틈이 뚫린 수많은 골목길을 헤매면서
'영희네 집' 저녁상을 찾아가는 일은 어렵다.
그 사이 좌판에서 냄새 풍기며 익는 떡볶이도 맛보고
생선 튀김 만드는 아주머니도 넋없이 바라보다가
겨우 땀 닦으며 찾은 구석 한옥의 문간방 온돌,
따뜻하게 때묻은 방석에 앉아 미리 기다렸다.
마침 큰 소리 내며 들어서는 영태와 동규, 야!
아담한 저녁상이 들어오고, 나는 술은 소주다,
결국은 멋없는 이름, '씽씽 스페셜' 인가로 합쳤지만
그 정도 술맛이라면 이름이 너무 낯설고 어색해.
죽기 전에 몇 번을 더 만날까 궁리를 하다가
네 문학이 어떻고, 내 자식이 어떻고 하다가

이차는 누가 내고 삼차는 어디로 가자고 하다가
어느덧 서울의 오밤중, 혼자 돌아오는 택시 안에서
술김이었겠지만, 갑자기 목이 잠기더군.
몇 번을 더 만나고 우리는 정말 헤어질 것인지.

2

과수원의 사과나무들이 보였다.
초여름의 꽃들이 아침 안개 같았다.
꽃들의 그림자가 나무를 지워버릴 때까지
내 사과나무에도 무진한 꽃을 피우고 싶었다.

그 향기를 맡으며 누군가 꿈꾸어주기를 바랐다.
내가 가지지 못했던 빛나고 흐드러진 꿈,
눈을 뜨고 꿈꾸는 나무가 되고 싶었다.
열매를 거두는 일은 어차피 내 몫이 아닌 다음에야
여름이 가기 전에 꽃잎을 눈부시게 다 뿌리고
세상의 자초지종에 태연하고 싶었다.

서울 가로수

1

1990년 가을, 날씨 좋은 날
동네 이름도 잘 모르는 서울 모퉁이에
나는 한동안 편히 살고 있었다.

때묻은 플라타너스 잎이
생각난 듯 가지를 떠나
머뭇머뭇 땅 위에 누웠다.
나도 거기에 눕고 싶었다.

그러나 서울 가로수는 냉혈 식물인가.
해마다 눈부신 장식으로 봄을 빛내다가
때가 되면 주저없이 입던 옷도 벗는다.
두 눈 부릅뜨고 우리를 보는
늙고 지혜로운 선각자처럼.

2

땅에 떨어진 낙엽은

천천히 몸을 비틀면서 마르는구나.
몸 속에 남아 있는 목숨의 느린 춤.
낙엽이 세상의 정을 털어버리는구나.
당신을 만나는 길이 어렵게 열리는구나.

3

아직도 먼지 속에 남은 가을볕 위에
서울의 나뭇잎을 편히 눕게 해다오.
매연과 최루탄에 중독되어
눈감고 입다물고 있는 서울 가로수.
한정 없이 요동치는 소음과 아우성에
난청이 된 낙엽들이 길을 찾고 있군.
팔 벌린 길가의 가을 나무 몇 그루,
자동차떼에 밀려서 뼈가 부러지는군.

뼈가 부러져도 죽지 않는 서울 나무여.
눈물 어리게 웃는 것이 보인다.
후회할 것 없는 튼튼한 모습으로
푸르다가, 흔들리다가, 늙다가 하면서

오히려 나를 마음 시리게 하는 나무.
정신없이 살아온 날들이 낙엽으로 진다.
깊은 가을날의 보살이 되어
우리들의 한 일생을 품에 안는다.

다리 위의 풍경

1. 다리 위의 한 사람

두 팔을 벌려요.
두 다리를 올려요.
허리를 굽혀요. 머리를 들어요.
아, 희게. 희고, 또 희게.

가슴을 내려요.
두 팔도, 두 다리도 내려요.
흔들립니다. 내게로 와요.
저녁이 지나간 다리 위에서
물구나무서기, 무너지기.
흐르던 물 잠시 생각에 잠겨
가던 발길 멈추고 섰습니다.

2. 다리 위의 두 사람

가세요. 서 있는 그대,
짝수는 언제나 불안합니다.
그대와 나 사이의 빈 공간,

그대와 나 사이의 빈 시간,
두 사람 사이에 누워 있는 다리,
길 잃은 새들이 공중에 떠 있습니다.
누우세요, 보이지 않는 그대.
편안하게 흐르는 그대.

3. 다리 위의 세 사람

세 사람밖에 보이지 않네요.
그 밖에는 무거운 습기가 되어
땅속으로 가라앉아요.
화가 에드바르 뭉크의 긴 다리도
공포에 질린 몇 개의 얼굴이 되어
섬들 사이로 가라앉아요
외마디 비명에 물이 갈라지고
하늘은 눈을 감고 주황색이 되네요.

오래 지난 후에도 다리에서 눈감으면
일찍 죽은 어머니도, 누나도 보이네요. 비명.
피를 토하면서 죽는 광경이 보이네요. 비명.

뭉크의 공포가 푸른색으로 바뀌고 있네요.
모두들 도망갑니다. 발이 묶인 채로
비명의 생명이 또 한번 뛰어오릅니다.

4. 다리 위의 네 사람

긴 다리의 배경으로는
하느님의 눈이 보입니다.

한 쌍의 부부가 이쪽으로 옵니다.
남자는 왼쪽에서 왼쪽 강물을 보고
여자는 오른쪽에서 오른쪽을 봅니다.
살아서 움직이는 석고상이 되어
표정 없이 발을 맞추는 오늘 이 시간,
다른 한 쌍의 부부가 그쪽으로 갑니다.
남자가 보는 다리 위의 강물은 느리고
여자가 보는 강물에는 해가 집니다.
다리의 복판에서 네 사람이 만나는군요.
서로 잠시 고개를 들어올립니다.
생각을 놓고 시선이 마주칩니다.

옷깃이 스쳐 작은 바람이 일어납니다.
긴 다리가 천천히 따뜻해지고 있습니다.

옷깃 여미고 뒤돌아보세요.
긴 다리의 배경으로 아직도
하느님의 눈이 보입니다.

북 해

드디어 북해의 안개 속에서 만났다.
에든버러에서 북행 기차로 두 시간,
다시 축축한 시외버스를 타고 도착한
북해의 목소리는 물에 젖어 있었다.
안개와 바람에 싸여 세월을 탕진하고
절벽 앞의 바다는 목이 쉬어 있었다.
춥게 오는 바다의 말은 옷 속에 스미고
주름투성이의 파도는 흰머리를 숙였다.

사방이 깨끗한 조그만 식당 뒤껼에서
앞치마 두른 처녀애가 들바람같이 웃었다.
세상을 대충 보면서 후회 없이 사는 들꽃,
착해서 눈물 많은 딸 하나 가지고 싶었다.
마을의 들꽃들이 꽃색을 바꾸는 저녁나절,
목소리 죽이고 노래 하나 부르고 싶었다.
내 딸은 또 말도 없이 웃고 말겠지.

문득 어두운 쪽을 감싸안는 저 큰 무지개!

그 나라 하늘빛

1

그 나라 하늘빛은 만 길 폭이겠지.
어깨 감싸주던 하늘빛 어디 다 감추고
매연과 소음과 유흥판이 철철이
나라의 마음을 잿빛으로 덮고 있더니—
그러나 나라의 얼굴은 큰 도시만이 아니더군.
내가 길들여진 앳되고 순진한 하늘들은
시골 마당 어느 촌에서도 아직 편안히 보이고
반가운 얼굴들 곳곳에 숨어 살고 있더군.
산채나물 안주삼아 마신 남도의 좋은 술,
다음날 눈부시게 보이던 고운 하늘 얼굴.
고마워라, 그 빛깔 내 눈물줄에 심어놓았다.
아지랑이 잠재우고 느슨히 일어서는 하늘
남도 쪽 긴 노래가 천 길 산골에 내리데.

2

'고국에 묻히고 싶다'—교포 신문의 큰 제목
병고에 시달리는 재미 교포 노인의 호소

그러나 노인은 고국의 땅값을 잊은 모양이지.
수십 년 노동으로 사놓은 때전 그 집 팔아도
고국의 땅을 몇 평이나 살까, 몸이나 눕힐까.
쓸데없는 욕심입니다 ―신문 던져버렸는데
며칠째 그 노인의 누운 사진이 눈에 번진다.

―그렇다면 좀 자세히 들어보세요.
시체를 고국에 운반하려면 돈도 많이 들고
시체 출국 수속 절차도 아주 복잡하답니다.
묘지값 비싼 것이야 말할 것도 없겠지요.
그뿐인가, 재산 털어 설사 고국 땅에 묻혀도
어디서 왔느냐고 죽어서도 발길질당할지.
정 돌아가시겠다면 유골로 가는 게 어떠세요.

―자네는 내 말을 잘못 알아들었군.
나는 고국의 비싼 땅에 묻히려는 게 아니고
그 나라 푸른 하늘 속에 묻히고 싶다는 말일세.
고국에 비가 오면 나도 같이 젖어서 놀고
비 그치고 무지개 피면 나도 무지개를 타겠지
그 나라 하늘빛에 묻히고 싶다는 말일세.
또 언젠가 깨어나서 그 하늘 한쪽이 된다면

고국의 산천은 언제나 눈앞에 서 있지 않겠는가.
더 이상 사무치지 않아도 되지 않겠는가.
그런데 참, 선생은 그 나라 하늘빛을 아시는가.

3

이제는 가끔 혼자 가는 꿈에서도
이상한 빛이 보이기 시작하네.
땅에서 위로 솟아오르는 빛,
하늘에서 내려오는 빛들의 길.
눈부신 그 빛들 서로 만나서
갑자기 놀라고 반기는 표정도.

루르드나 파티마의 서양 처녀들이 본
그 나라 하늘빛은 기다려주겠지.
그 빛 속에서 깊은 말 들린다는 것
내 귀가 문을 열면 알아들을까.

한 나라의 슬픔도 문을 열면 들린다.
한 사람의 사랑도 문을 열면 보인다.

우리들의 부끄럽고 아득한 길을 다 열면
그 길 끝나는 곳에서 그 나라의 하늘빛이……

이슬의 눈

 1994년에 갑자기 죽은 가까웠던 내 동생 종훈이를 그리워하는 마음이 이 시집의 중심이다. 그래서 '이슬의 눈'이 내게는 가끔 '눈의 이슬'로도 읽힌다. 다시 만나기를 기대하는 동생에게 이 시들을 준다.

방문객

무거운 문을 여니까
겨울이 와 있었다.
사방에서는 반가운 눈이 내리고
눈송이 사이의 바람들은
빈 나무를 목숨처럼 감싸안았다.
우리들의 인연도 그렇게 왔다.

눈 덮인 흰 나무들이 서로
더 가까이 다가가고 있었다.
복잡하고 질긴 길은 지워지고
모든 바다는 해안으로 돌아가고
가볍게 떠올랐던 하늘이
천천히 내려와 땅이 되었다.

방문객은 그러나, 언제나 떠닌다.
그대가 전하는 평화를
빈 두 손으로 내가 받는다.

겨울 노래

눈이 오다 그치다 하는 나이,
그 겨울 저녁에 노래부른다.
텅 빈 객석에서 눈을 돌리면
오래 전부터 헐벗은 나무가 보이고
그 나무 아직 웃고 있는 것도 보인다.
내 노래는 어디서고 끝이 나겠지,
끝나는 곳에는 언제나 평화가 있었으니까.

짧은 하루가 문닫을 준비를 한다.
아직도 떨고 있는 눈물의 몸이여,
잠들어라, 혼자 떠나는 추운 영혼,
멀리 숨어 살아야 길고 진한 꿈을 가진다.
그 꿈의 끝 막이 빈 벌판을 헤매는 밤이면
우리가 세상의 어느 애인을 찾아내지 못하랴,
어렵고 두려운 가난인들 참아내지 못하랴.

담쟁이꽃

내가 그대를 죄 속에서 만나고
죄 속으로 이제 돌아가느니
아무리 말이 없어도 꽃은
깊은 고통 속에서 피어난다.

죄 없는 땅이 어느 천지에 있던가
죽은 목숨이 몸서리치며 털어버린
핏줄의 모든 값이 산불이 되어
내 몸이 어지럽고 따뜻하구나.

따뜻하구나, 보지도 못하는 그대의 눈.
누가 언제 나는 살고 싶다며
새 가지에 새순을 펼쳐내던가.
무진한 꽃 만들어 장식하던가.
또 몸풀 듯 꽃잎 다 날리고
헐벗은 몸으로 작은 열매를 키우던가.

누구에겐가 밀려가며 사는 것도
눈물겨운 우리의 내력이다.
나와 그대의 숨어 있는 뒷일도
꽃잎 타고 가는 저 생의 내력이다.

이슬의 눈

가을이 첩첩 쌓인 산속에 들어가
빈 접시 하나 손에 들고 섰었습니다.
밤새의 추위를 이겨냈더니
접시 안에 맑은 이슬이 모였습니다.
그러나 그 이슬은 너무 적어서
목마름을 달랠 수는 없었습니다.
하룻밤을 더 모으면 이슬이 고일까,
그 이슬의 눈을 며칠이고 보면
맑고 찬 시 한 편 건질 수 있을까,
이유 없는 목마름도 해결할 수 있을까.

다음날엔 새벽이 오기도 전에
이슬 대신 낙엽 한 장이 어깨에 떨어져
부질없다, 부질없다 소리치는 통에
나까지 어깨 무거워 주저앉았습니다.
이슬은 아침이 되어서야 맑은 눈을 뜨고
간밤의 낙엽을 아껴주었습니다.
　―당신은 그러니, 두 눈을 뜨고 사세요.
앞도 보고 뒤도 보고 위도 보세요.
다 보이지요? 당신이 가고 당신이 옵니다.
당신이 하나씩 다 모일 때까지, 또 그 후에도

눈뜨고 사세요, 바람이나 바다같이요.
바람이나 산이나 바다같이 사는
나는 이슬의 두 눈을 보았습니다. 그 후에도
바람의 앞이나 바다의 뒤에서
두 눈 뜬 이슬의 눈을 보았습니다.

해변의 바람

1

뭐라구 했지?
바람은 글을 읽을 줄 모른다구?
그래서 찾아내지 못할 거라구?

이 해변은 참 길기도 하구나.
어깨를 스치는 바람의 깃
무덤이 하나 있었다구?

오늘은 여기서 그냥 자고 싶다.
눈부신 배경의 몸부림,
찾지 못하면 잊을 수도 있겠지.

바람은 고개를 흔들면서
연민의 살을 지워버린다.

욕심 없는 나그네 되어
길을 떠난다.

2

잠이 오지 않는 바람이
밤의 한기에 떤다.
아무도 없는 이 해변에서
떠도는 너를 안는다.
한동안은 편안히 살 수 있겠다.

참 멀리도 왔구나.
물새들 발소리도 지워지고
간간이 이름 부르는 소리도 그쳤다.
옷 벗고 바람이 되는 빈 몸.

3

돌아갈 곳이 없는 시간을
다 버리기로 한다.
문득 눈을 뜬 이곳은 어딘가.
바람 속인가, 그대 속인가.
천천히 보이기 시작하는

길 잃은 바람의 아픔.

물빛 6

물이 깨어져서
많은 물방울이 된다.
물이 깨어져서
많은 자식이 된다.
물방울은 작지만
많은 자리가 넘치게 차고
색이 온몸에 번진다.
자식은 부모보다
빛나고 아름답다.
물의 아버지가 깨어지지 않으면
빛나는 것은 태어나지 않는다.
물방울이 낮은 곳에 모이면
아버지가 된다. 그래서
우리 아버지는 언제나 제일 낮다.
물의 몸이 움직이는 저 깊은 속,
나이 들어가는 물빛의 말이
한마디 한마디 서늘하게 다가온다.

그림 그리기

당신이었군,
아직도 기다려준 이.

가위눌린 꿈속 헤맬 때
창백한 미명의
창밖에서 우는.

단순한 소리의 울림이여.
촉감이나 몸짓으로
그대를 사귀지 않았다.

당신이었군,
아직도 기다려준 이.

가보지 못한 혼백의 나라에서
몸에 맞는 빈 방을 찾아내리라.
공기의 파도를 타는
확신의 표정.

꽃잎의 끝이 천천히
그 색을 버리기 시작한다.

섬

그해 여름에는 여의도에 홍수가 졌다.
시범아파트도 없고 국회도 없었을 때
나는 지하 3호실에서 문초를 받았다.
군 인사법 94조가 아직도 있는지 모르지만
조서를 쓰던 분은 말이 거세고 손이 컸다.

그해 여름 내내 나는 섬을 생각했다.
수갑을 차고 굴비처럼 한 줄로 묶인 채
아스팔트 녹아나는 영등포 길로 끌려가면서
세상에서 가장 심심한 작은 섬 하나 생각했었다.
그 언덕바지 양지에서 들풀이 되어 살고 싶었다.

곰팡이 냄새 심하던 철창의 감방은 좁고 무더웠다.
보리밥 한 덩어리 받아먹고 배 아파하며
집총한 군인의 시끄러운 취침 점호를 받으면서도
깊은 밤이 되면 감방을 탈출하는 꿈을 꾸었다.
시끄러운 물새도 없고 꽃도 피지 않는 섬.

바다는 물살이 잔잔한 초록색과 은색이었다.
군의관 계급장도 빼앗기고 수염은 꺼칠하게 자라고
자살 방지라고 혁대도 구두끈도 다 빼앗긴 채

곤욕으로 무거운 20대의 몸과 발을 끌면서
나는 그 바다에 누워 눈감고 세월을 보내고 싶었다.

면회 온 친구들이 내 몰골에 놀라서 울고 나갈 때,
동지여, 지지 말고 영웅이 되라고 충고해줄 때,
탈출과 망명의 비밀을 입 안 깊숙이 감추고
나는 기어코 그 섬에 가리라고 결심했었다.
이기고 지는 것이 없는 섬, 영웅이 없는 그 섬.

드디어 석방이 되고 앞뒤 없이 나는 우선 떠났다.
그러나 도착한 곳이 내 섬이 아닌 것을 알았을 때
아버지는 돌아가셨고 나는 부양 가족이 있었다.
오래 전, 그 여름 내내 매일 보았던 신기한 섬.
나는 아직도 자주 꿈꾼다. 그 조용한 섬의 미소,
어디쯤에서 떠다니고 있을 그 푸근한 섬의 눈물을.

하품은 전염된다

하품이 전염한다는 게 사실 같지가 않다.
매연과 소음 속에서 다급하게 뛰는
고국이 모두 잘산다는 게 사실 같지가 않다.
반사 작용, 아니면 정신적 반추라든가,
무리를 따르는 동물적 본능이라든가,
뇌의 산소 공급을 위한 응급 수단이라든가,
이런 정도의 하품 학설이 과학적일 듯한데
국민 소득이 폐수가 된 강물보다 더 과학적인가.
하품이 전염을 한다니!

물고기가 하품을 한다는 것도 믿기지 않느냐.
어항 속의 금붕어나 바닷속 도미나 꽁치의 하품,
제비나 참새나 오리의 하품도 잘 믿기지 않는다.
남북한이 한 형제라는 것도
이제 잘 믿기지 않는다.
보이는 것과 보이지 않는 것의 증명은 다른가?
왜 다른가? 쇠파리의 하품. 갯지렁이의 하품.

하품의 역학은 천천히 열리고 급하게 닫히는 입
그간의 긴 숨 들이쉼과 짧은 숨 내쉼.
하품을 위해 평생을 사는 생리 연구원은

뇌 속의 도파민이 하품의 원동력이라지만
일 안 하고 놀고 먹는 자의 하품은 죽음의 원동력,
잘 밤에 근육 풀어지는 하품은 건강의 표시라고?
사람 따라 하품의 영향이 다른 것도 이상하지만
때때로 보이지 않는 곳에 누군가 있어서, 이놈!
형평의 저울로 우리를 다루는 소름끼치는 하품.

아침 면도를 하며

아침 면도를 하며 고개 돌리는 남자를 본다.
어제도 왔다갔다 아무 일 시작 못 하고
아무것도 이루지 못한 부끄러운 날들 지나고
(그렇게 쌓인 산들은 소리내며 무너져내리지.)
가위눌린 얇고 불안한 풋잠의 한기 속에서도
내 주름살의 피부에서는 검게 일어나고 있었구나.
발랄하게 무엇인가 솟아나고 있었구나.
그 하루의 성긴 틈에서 생기고 있었구나.

황량하고 긴 바람만 줄줄이 지나가던 살림살이,
무슨 힘 살아남아서 밤새 수염을 만들어 키우고
얼굴의 이곳저곳으로 자랑하듯 밀어내고 있었을까.
눈 덮여 얼어버린 겨울 벌판에서도
함께 떠들어대며 까실까실 고개 드는 보리싹,
내 나머지의 혼이 무성하게 부르고 있었구나.
보이지 않아도 있는 것은 다 오르고 있었구나.

오늘은 아침 면도를 하며
많은 어제를 잊기로 작정한다.
다시 한번 시작해보기로 한다.
보이지 않아도 있는 것은 어디에나 있다.

그대여, 내 몸에서 일어나는 놀라운 생기여,
온몸이 반갑게 뜨거워지고 있다.

무서운 바람

나는 바람이 무섭다.
소리내는 바람보다
소리내지 않는 바람이
더 무섭다.
움직이는 바람보다
움직이지 않는 바람이
더 무섭다.

이천 년 나이의 올리브나무,
그 나무에 기대 서 있는
이천 년 묵은 욕심,
먼지 묻은 바람의 얼굴이
더 무섭다.

사막을 걷는 낙타보다
장터에 서 있는 낙타가
더 무섭다.
다리 꺾은 낙타의 가죽이
더 무섭다.

눈이 큰 낙타 등에 타면

세상은 경사로 지나가고
소아시아의 주위에서
서성거리는 내가 보인다.
더 무서운 내가 보인다.

임신한 모기만 사람의 피를 빤다

임신한 모기만
사람의 피를 빤다.
새끼들을 위해서
결사적으로 덤빈다.

피를 빠는 모기는
온몸이 찰 때까지
경건하고 순수하다.
목숨을 다 걸고 나면
남은 몸짓이 없어진다.

세상의 소리를 죽이는
피를 빠는 모기의 긴장.
목숨은 빛나는 한 순간의 힘,
죽은 척 살아 있기보다는
살다가 죽고 싶은 힘.

수컷 모기는 이슬을 마시고
가는 눈으로 생각을 정리하고
허둥대는 암컷의 들뜬 눈에는
사랑은 피던가 이슬이던가.

늦가을 모기의 날개는
숨어 있는 한숨처럼 멀다.
낮게 날아가는 한 생명의 끝,
아프지도 앓지도 않고
모든 암컷의 모기만
피를 빨다 죽는다.

당신의 하느님

당신이 기도하는 하느님은
여리고 예민한 분인지
만하임에서도, 베네치아에서도
혼자서 비를 맞고 계시더군.
당신의 착한 하느님은
그림자까지 비에 젖어서
날지도 않고 내 옆을 지나가셨지.
나는 떠나지 않기로 결심했어.

얼마나 작은 틈 사이로도
빗물은 스며들어 지나간다.
하느님의 물은 쉽게 지나간다.
작은 우리들의 시간 사이로 들어와
폭 넓은 빈 강 하나를 보여주신다.

여행의 젖은 옷을 말리며
추워진 공간의 벽을 말리며
먼 곳도 쉽게 보는 하느님의 눈이
가까이 가지 말라고 신호를 보낸다.
그간에도 세월이 화살같이 지나고
그 화살 몸을 찔러 피나게 해도

희망이여, 평생의 아픔이여,
영혼을 풍요하게 한다는 아픔이여.

나는 움직이지 않기로 했다.
그대가 내 안에서 쉬는 동안에
은밀한 상처를 조심해 만져도
당신의 투명한 하느님은 아시지,
돌아갈 길이 더 멀고 험한 것.
비에 젖어 살아온 몸이 떨린다.
우리를 자유롭게 하는 슬픔이 떨린다.

패터슨 시*의 몰락
─큰 도시가 세 조각이 나고, 모든 나라의 도시가
 무너졌다(「요한 묵시록」 16~18)

1

뉴저지 주 패터슨 시의 거리는
낮에도 무서워 혼자 걸을 수 없다.
꽃과 다람쥐와 비둘기와 구름,
공원과 벤치와 잔디가 썩어가고
시인이 부른 '아름다운 것들'은 떠났다.

도시의 작은 폭포는 높은 음의 합창을 하고
40년대의 의사가 산책하는 폭포 위의 하늘,
하늘에서 물은 날마다 무지개가 되었시만
이제는 싱싱한 포말도 마른 폐허의 쓰레기장.
가난과 범죄와 마약과 에이즈의 도시,
증오와 불면과 공포의 총소리만 남았다.

사람의 눈총이 매연의 도시를 떨게 한다.
핏자국이 자동차 바퀴 밑에서 다시 죽고
나는 당신의 도시에 바로 서보지도 못하고
질린 마음으로 황망히 천국의 시를 찢는다.
타락하는 도시에서 떨어지는 무정란의 아이들,
그간에도 나라의 모든 도시들이 무너지고 있었다.

2

1992년 4월말, 로스앤젤레스의 밤,
천사의 도시는 지옥의 어두운 불길에 싸이고
한국인 이민이 일구어놓은 코리아 타운이,
땀과 눈물과 희망과 약속이 짓밟혔다.
방화와 약탈과 살인의 며칠과 몇 해,
도시는 절망과 치욕의 잿더미로 쓰러졌다.

가난과 물불 없는 경쟁에서는 진작 밀려난 후
고국은 너무 멀었고 총알은 매일 귀끝을 스쳤다.
영어와 한국어를 섞어서 울부짖는 동족의 외침
핏발 선 두 눈을 가리는 억울한 눈물로도
지붕 위에 올라선 기관단총의 방패로도
무법의 높은 파도는 막아내기 힘들었다.

몰락한 도시를 덮고 일어서는
당신의 새 노래가 그립다.
하늘을 향해 빠르게 오르는 무지개,
모든 인종이 손잡고 춤추는 '아름다운 것들.'
새로운 패터슨 시의 탄성이 그립다.

아, 무지개의 모든 물방울이 한꺼번에
우리를 하나로 감싸면서 쏟아져내린다.

  * 패터슨 시: 미국 현대시의 출발점이라고 통칭되는 시인이며 의사였던 윌리엄 칼로스 윌리엄스William C. Williams의 대표적 장시(長詩)의 제목. 미국 뉴저지 주 북부의 작은 도시.

차고 뜨겁고 어두운 것

한 처음에, 차고 뜨겁고 어두운 것이 있었다. 이탈리아에서 열린 세계천문학회에서는 캘리포니아 대학과 케임브리지 대학과 애리조나 대학의 천문학 교수들이 이구동성으로 설파했다. 천만 광년이나 천억 광년 전에 태양계는 물론, 우주계는 물론, 그 이상의 전체의 한 처음에, 차고 뜨겁고 어두운 것이 있었다.

나는 예과 시절에 식물학을 좋아했다. 크고 작은 꽃과 나무와 풀잎의 이름을 많이 외우고 있었고, 식물 채집과 표본은 언제나 학년에서 으뜸이었고 위안이었다. 30년이 더 지난 요즈음, 나는 그 풀잎이나 꽃의 이름을 거의 다 잊고 말았다. 멀리 살고 있는 친구의 이름도, 얼굴도 많이 기억해낼 수가 없다. 내 이름도 달라져버렸다. 아무도 내 이름을 어릴 적의 친구들같이 불러주지 않았다. 노벨상을 받은 스페인의 시인 히메네즈는 말했다. 신경쓰지 않아도 되는 자유로움 때문에 미국을 선택한 나는, 자유를 얻은 대가로 내 언어의 생명과 마음의 빛과 안정의 땅을 다 잃어버렸다. ─내게도 안정의 땅과 마음의 빛이 있었을까.

한 처음에, 차고 뜨겁고 어두운 것이 있었다. 빅 뱅 이후로 계속해서, 2/3는 차고 어두운 것, 1/3은 뜨겁고 어두운 것이 섞여서 공간의 안팎을 메우고 있었다. 차고 어두운 것은 빛이 없었기 때문이고, 뜨겁고 어두운 것은 중성자 계통 때문이었다. 차고 뜨겁고 어두운 것의 분포는 컴퓨터로 계산되어 이달 목요일판에 발표될 것이다.

그리스와 터키에도 많은 한국 사람이 서로 딴말을 하면서 살고 있었다. 지중해의 동쪽 변경 사이프러스에도, 아프리카의 케냐와 탄자니아 사이에도 한국 사람이 닻을 내리고 살고 있었다. 북해의 북쪽 끝, 노르웨이에서 북쪽 바다로 하루종일 나가 있는, 북위 70도 근처의 작은 섬나라, 인구 7만의 수도 레이커빅에도 한국 식당이 있었다. 화산과 빙산에 싸인 섬에서 김선생님 댁은 김치찌개를 끓이면서 말했다. 우리만일까요 뭐. 모두가 다 그렇게 사는 것이겠지요. 무엇이건 오래 그리워하면 그게 다 시방 바다로 밀려나가 한정 없이 저런 파도 소리를 만들어낸대요. ―파도가 아파하는 소리 너무 커서 밤잠을 설치다가, 나는 사흘 만에 그 섬을 떠났다.

예정에 없던 항해였을까. 내 바닷길은 처음부터 차고 뜨겁고 어두웠다. 눈물이 뜨거웠다. 이제 험난한 길을 열고 목요일의 우주가 도착할 것이다. 한 처음에, 차고 뜨겁고 어두운 것이 있었다(한 처음에, 그전부터, 말씀이 있었다. ……그 말씀이 곧, 참 빛이었다). 그 빛이 보이지 않았다.

동생을 위한 弔詩
―외국에서 변을 당한 壎에게

1. 입관식

어릴 때는 고등학교까지 같은 이불을 덮고
대학에 가서는 작은 아랫방을 나누어 쓰고
장가든 다음에는 외국에까지 나를 따라와
여기 같은 동네 바로 뒷길에 살던
내 동생 졸지에 억울하게 죽었습니다, 하느님.

동생이고 친구고 내 의지처였습니다.
싸움 한번도, 목소리 한번도 높이지 않은
들풀처럼 싱글거리며 착하게 살던 내 단짝,
하느님, 당신밖에 하소연할 곳이 없습니다.

눈물이 자꾸 납니다.
관을 덮고 나면 내일 하늘이 열리고
내일 지나면 이 땅에서 지워질 이름,
당신을 원망하지 않겠다고 약속합니다.
귀염둥이 내 자식이라고 받아주세요.

2. 고잉 홈

고잉 홈
(너 몰랐지? 여기서는 관에다가
고잉 홈이라는 말을 많이 새겨넣는구나.)
네가 누울 관을 고르면서
줄줄이 늘어선 관을 공연히 어루만지면서
자꾸 읽게 된다. 고잉 홈.
그래, 너도 결국 집에 가는 거구나.

대평양 너미의 고향이든
저 높은 그 위의 고향이든
잘 가라, 아무 말 안 해도
나는 네가 어디로 가고 싶은지 안다.

고잉 홈.
잘 있어, 형.
나는 집에 돌아가는 거래.
너무 보고 싶어하지 마, 형.
네 쓸쓸하게 빈 목소리,
여기저기서 기막히게 들린다.

3. 영화 「아버지의 이름으로」

오랜만에 같이 본 영화가 끝난 뒤
너는 술까지 한잔 사면서 내 건강 걱정해주고
(자식을 끝까지 믿은 아버지는 감옥에서 눈감고)
좋아했던 영화는 어디서 아직 상영중인데 —

아버지의 이름으로 너는 평생을 마감하고
아버지의 이름으로 너를 보내면서
아버지의 이름으로 슬픔을 참아내면서
아버지의 이름으로,
내 너를 다시 만날 것 믿는다.

4. 비 오는 나라

하루종일 봄비가 의심하는 세상을 적신다.
사람이야 언제 어디서고 죽게 마련이지만
외국의 봄날 흐리게 허물어진
동생이 저녁까지 봄비 되어 울고 있다.

비는 내려서 땅에 스며들고
스며서 땅 사이로 사라지는 침묵.
해직당한 고국을 그리워하던
적막강산이 눈물 사이로 보인다.
온몸이 젖어서 두 눈을 크게 뜨는 너.
(혹은, 나.)

비는 왜 이렇게 소리치며 밤새 오는지.
빗소리 듣다가 풋잠 잠시 들고
또 언뜻 잠 깨어 다시 듣는 빗소리
집 밖의 사방에는 벌써 수상한 비명.
춥다.
너도 춥지?

5. 맑은 날의 얼굴

그만한 고통도 경험해보지 않고
어떻게 하늘나라를 기웃거릴 수 있겠냐구?
그만한 절망도 경험해보지 않고, 누구에게
영원히 살게 해달라 청할 수 있겠냐구?

벼랑 끝에 서 있는 무섭고 외로운 시간 없이
어떻게 사랑의 진정을 알아낼 수 있겠냐구?
말이나 글로는 갈 수 없는 먼 길 끝의 평화,
네 간절하고 가난한 믿음이 우리를 울린다.

오늘은 날씨가 밝고 따뜻하다.
하늘을 보니 네 얼굴이 넓게 떠 있다.
웃고 있는 얼굴이 몇 개로 보인다.
너같이 착하고 맑은 하늘에
네 얼굴 자꾸 넓게 번진다.
눈부신 천 개의 색깔, 네 얼굴에 번진다.

6. 있는 것이 안 보이는

네가 잠들고 싶은 곳은 너무 멀어서
외국 땅에 너를 묻고 이를 물지만
땅이야 뭐 다를 리가 없겠지
질소와 탄소와 뭐 그런 것들―
그러나 어째서 네가 땅만이겠느냐.
너는 죽고 나는 아직 살아 있다지만

너는 웃고 있겠지, 나를 놀리면서
형, 사실은 네가 죽고 내가 산 거야.
그렇지, 그렇게 유리창같이 환하게
너는 그쪽에서, 나는 이쪽에서
산 것과 죽은 것이 서로 보이는구나.
없는 것이 보이는 무지개같이
있는 것이 안 보이는 네 혼백같이 —

7. 뱃길

혼자 물가에 왔다.
추운 동네의 깊은 물은
통곡같이 밀려가고 밀려오면서
파도 높이 흰 목숨을 패대기친다.
아무리 기다려도 끝내지 않는
못다 끝낸 네 몸짓 알아듣는다.
네 눈자위 점점 젖어오고
내 살은 천천히 언다.

상처투성이의 내 목숨이지만

너 가는 뱃길에 동무 되어주랴?
지국총, 지국총,
주름살투성이의 내 목숨이지만
너 가는 뱃길에 흥이 되어주랴?
지국총, 지국총,
요단 강인지, 천년 전의 한강인지
깊고 긴 강 건너에 눈을 주지만
아무것도 보이지 않는
네가 떠난 길.

8. 혹시 미시령에

동규형 시집 미시령인가 하는 것 좀 빌려줘,
너랑 마지막 나눈 말이 이 전화였구나.
나도 모르는 곳, 너와 내 말이 끝난 곳,
강원도 어디 바람 많은 곳인 모양이던데.

요즈음 네 무덤가에서 슴슴한 바람을 만나면
내가 몇 번을 잊어버리고 빌려주지 못한 미시령,
혹시 그곳에 네가 혼자 찾아간 것은 아닐까.

내년쯤 일시 귀국을 하면 꼭 찾아가봐야지,
네가 혹시 그 바람 속에 섞여 살고 있을는지.

너를 알아보지 못하고 바람만 만나게 되면
흔들리는 그거라도 옷자락에 묻혀와야지,
그 바람 털어낼 때마다 네 말이 들리겠지,
내 시를 그렇게 좋아해준, 너는 그러겠지,
형, 나도 잘 알아듣는게, 쉽고 좋은 시 많이 써.
이제 너는 죽고 나는 네 죽음을 시쓰고 있구나.
세상 사는 일이 도무지 어처구니없구나.
시를 쓴다는 일이 이렇게도 하염없구나.

9. 造花

아직 비석도 세우지 못한 네 무덤
꽂아놓은 조화는 아름답구나.
큰비 온 다음날도, 불볕의 며칠도
조화는 쓰러지지 않고 웃고 있구나.
무심한 모습이 죽지 않아서 좋구나.
향기를 남기지 않아서 좋구나.

나는 이제 살아 있는 꽃을 보면
가슴 아파진다.
며칠이면 시들어 떨어질 꽃의 눈매
그 눈매 깨끗하고 싱싱할수록
가슴 아파진다.
살아 있는 모든 것이 아프다.

10. 청량리 꿈

　책방에 들렀더니 네가 책을 읽고 있더구나. 뒤돌아서서 책만 열심히 읽기에 긴가민가 너를 불렀더니 태연스럽게 고개를 들더구나. 여전히 건강한 얼굴로 나를 반기더구나. 반가웠다, 정말.

　나는 급한 마음에 우선 물었지. 너 지금 도대체 어디에 살고 있는 거냐? 청량리! 청량리? 그래도 네 식구들한테는 소식을 알려야지. 아무도 네가 이렇게 살아 있는 것을 모르고 있단다. 청량리?

　형, 나도 알아. 그렇지만 이제 나한테 미국 이야기는 하지 마. 나는 다시는 그곳에 가지 않을 거야. 편지도 안 쓰고 전화도 안 할 거야. 형이 그냥 잘살고 있더라고만 전해줘. 그래, 그래. 그렇게 전하구말구. 그래, 청량리면 어떻고 어디면 어떠냐.

문득 잠이 깨고 아쉬운 마음 몸을 저리게 하지만, 그래도 행복해 보이던 너를 보았으니 좋구나. 잘살아라, 어디서든—한 새벽의 한정 없는 눈물은 내가 몰래 닦으마. 잘살아라, 어디서든—늪 깊은 내 낙담은 아무에게도 보이지 않으마.

11. 남은 풍경

새 한 마리 작은 나뭇가지에 앉았습니다.
나뭇가지 작게 흔들리기 시작합니다.
새가 날아가버린 후에도 나뭇가지는
아무것도 모르고 아직 떨고 있습니다.
나뭇가지 혼자 흐느껴 우는 것 같습니다.
남아 있는 풍경이 혼자서 어두워집니다.

묘지에서

1

동생이 죽어 묻힌 외국의 공원묘지,
일 년이 지나도 풀이 잘 자라지 않는다.
한글로 이름 새긴 비석에 기대 앉으면
땅 밑의 너, 땅 위에는 낮은 하늘이 몇 개,
여기가 과연 느슨한 평생의 어디쯤인가.

2

네가 떠난 후에도 매일 날이 밝고 밤이 어두워졌다. 어쩌다 잘못 꺾어든 길에서 너는 끝이 났지만 고맙다, 지난 수십 년, 착한 동생으로 내 옆에서 살아준, 가끔은 건방진 내 마음의 발길에 차여 아파했을 너. 멍도 풀고 한도 풀고 하늘도 풀어서, 우리가 다시 만나 기뻐 뛰며 울 날까지 ─ 건강해라. 깊고 깊은 숨 속에서 건강하거라.

3

묘지 근처의 모든 공기는 언제나 생각에 잠겨 있다.

묘지 근처의 공기는 언제나 먼 곳을 보고 있다.
조용하고 가득한 냄새만 사방에 번진다.
일 년이 지나도 갈색빛을 지키는 땅바닥에
나는 너무 아프다고 중얼거린다.
멀찍이서 울던 새 한 마리 갑자기 입을 다물어버린다.
묘지의 공기가 힘 죽이고 땅 밑으로 스며들고 있다.

내 동생의 손

생시에도 부드럽게 정이 가던 손,
늙지 않은 나이에 자유롭게 되어
죽은 후에는 내 주머니 속에 넣고 다닌다.

속상하게 마음 아픈 날에는 주머니 뒤져
아직 따뜻한 동생의 손을 잡으면
아프던 내 뼈들이 편안해진다.

내 보약이 되어버린 동생의 약손,
주머니에서 나와 때로는 공중에 뜨는
눈에 익은 손, 돈에 익지 않은 손.

내 동생의 손이 젖어 우는 날에는
내가 두 손으로 잡고 달래주어야
생시처럼 울음을 그치는 눈물 많은 손.

내 동생이 땅과 하늘에 묻은 손,
땅과 하늘이 슬픔의 원천인가,
그 슬픔도 지나 멀리 떠나는
안타깝게 손 흔들어대는
내 동생의 저 떨리는 손!

허술하고 짧은 탄식

1

산소 근처의 이슬은
중천의 햇살에도
다 마르지 않았다.
고국같이 높은 하늘이
깨끗하게 가고 있구나.
아마 네가 살고 있는 곳.
너무 맑고 멀어서
가을에는 가슴이 더 시리구나.

2

며칠 전에는 네 묘지 근처에
내가 묻힐 작은 터를 미리 샀다.
가슴 펴고 고국에 묻히고 싶기야
너와 내가 같은 생각이었지만
혹시 나도 그 소원 이룰 수 없다면
차라리 네 근처가 나을 것 같아서.
책을 읽든, 술을 마시든,

아니면 그냥 싱겁게 싱글거리든,
다시 한번 네 가까이에 살고 싶어서.

3

꽃이 져야 열매가 보이듯
네가 가고 난 후에야
네 온기가 느껴지는구나.
네가 가고 난 후에야
네 친구가 보이는구나.
네가 가고 난 후에야
내가 얼마나 네게 기대고 살아왔는지!

4

그래, 길어야 십 년, 이십 년,
얼마나 세월이 빨리 지나가더냐.
그때 만나서 지내기로 하자.
그간에 어쭙잖게 너를 글쓰니까

네 인상이 오히려 흐려지는 것 같다.
이제는 더 이상 쓰지 않겠다.
그냥 내 가슴의 중심, 기억의 뜰에서
네 착한 성품과 시달린 혼 쉬게 하겠다.
내가 살아 있는 동안에는 내게 있어라.
그래, 길어야 십 년, 이십 년,
얼마나 세월이 빨리 지나가더냐.

새의 초상

어머니, 같이 가시지요.
고개 더 숙이시고
깊은 추억의 우물물
매일 힘겹게 길어올리시며
한 모금씩 연명하시는
어머니 그늘.

혼자서 오래 기다리는
해지는 저녁물
지나간 흔적의 그리운 말소리 들린다.
그래요, 어머니
황혼이 떠나고 있습니다.

문득 저 하늘의 끝,
작아지는 몸 털고 일어나
날개쳐 오르는 새!
세상의 바깥으로, 그
바깥으로 향하는
작은 새의 사라짐,
눈부신 열림.

길

1

마실 물도 없는 귀양의 돌섬,
파도는 사방에서 섬을 껴안고
돌 같은 사랑을 토하고 있다.
웃고 있는 사도 요한이 나이를 먹는다.

요한의 묵시록이 숨죽인 동굴,
일곱 도시에 보낸 편지는 도착이나 했는지.
세 길로 갈라진 천장을 만져본다.
요한의 깊은 꿈이 눈뜨고 있다.

서로 사랑해라, 파트모스 섬.*
서로 사랑하면 하느님이 보인다.
하루종일 기다려도 오가는 이 없고
노망이 든 들꽃 몇 개 머리 흔들며
그대 웃고 간 길에 그림자 뿌린다.

2

나 그대 원망하지 않는다.
이 길이 마침내 끝날 때까지
인가 하나, 나그네 하나 보이지 않아도
그대 때문에 다시 떠나는 길,
느린 걸음이라도 어떻게 멈추랴.
척추를 타고 내리는 서늘한 벌판
거친 먼지 뒤덮인 일상의 길에서
입다문 그대의 입술에까지,
피땀 젖은 그대의 허리께까지.

   * 파트모스 섬: 사도 요한이 신약의 묵시록을 썼다는 그리스의 작은 섬.

과수원에서

시끄럽고 뜨거운 한 철을 보내고
뒤돌아본 결실의 과수원에서
사과나무 한 그루가 내게 말했다.
오랜 세월 지나가도 그 목소리는
내 귀에 깊이 남아 자주 생각난다.

─나는 너무 많은 것을 그냥 받았다.
 땅은 내게 많은 것을 그냥 주었다.
 봄에는 젊고 싱싱하게 힘을 주었고
 여름에는 엄청난 꽃과 향기의 춤,
 밤낮없는 환상의 축제를 즐겼다.
 이제 가지에 달린 열매를 너에게 준다.
 남에게 줄 수 있는 이 기쁨도 그냥 받은 것,
 땅에서, 하늘에서, 주위의 모두에게서
 나는 너무 많은 것을 그냥 받았다.

─내 몸의 열매를 다 너에게 주어
 내가 다시 가난하고 가벼워지면
 미미하고 귀한 사연도 밝게 보이겠지.
 그 감격이 내 몸을 맑게 씻어주겠지.
 열매는 음식이 되고, 남은 씨 땅에 지면

수많은 내 생명이 다시 살아나는구나.
주는 것이 바로 사는 길이 되는구나.

오랜 세월 지나가도 그 목소리는
내 귀에 깊이 남아 자주 생각나기를.

아테네의 개

지중해로 낯을 씻은 푸른 달도
아테네의 밤을 잠재우지 못한다.
수많은 신들이 모여 사는 신화의 고향 땅,
사람들은 대리석 속에 들어가 잠을 청하고
무더기로 길거리 헤매는 수많은 개,
불면증에 시달리는 도시의 먼지 너머
서서 자는 여신의 두 다리가 부어 있다.

개 짖는 소리에 선잠이 깬 새벽녘
서양 문명의 시작이 휴지 되어 날리고
어두운 개가 조상의 뼈를 씹는다.
날개 잃은 아이들이 무대 뒤로 사라진다.

가을 산

내가 옛날에 바람의 몸으로
세상을 종횡으로 누빌 때
높고 낮은 것도 가리지 않고
치고 안고 뒹굴고 다닐 때
산은 자꾸 내게서 눈을 돌렸지.

이제 들리지 않던 소리 새로 들리고
소리들 모여 사는 낮은 산에 싸여
한평생의 저녁은 이렇게 오던가.
푸른 구름의 너그러운 나그네 말이 없고
그 백수의 풍경만 나를 채우네.

오, 가을 산에 모인 빛,
죽은 나뭇잎의 찬란한 색깔,
그 영혼의 색깔,
숨어 살던 내 바람까지
오색의 춤판이 되어 돌아오네.

혼 자

　소아시아의 터키 땅, 신약 성서의 에베소 도시를 여행하면서 초대 교회의 전교와 박해와 지진을 느끼는 발걸음, 완전 폐허가 된 옛날 도시에서 사도 바울의 열띤 음성을 듣다가, 보석상이 많았던 번화가를 지나 창녀 집으로 숨어 들어가던 버려진 길목도 기웃거려보고, 한나절 빈 도시를 가로질러 뒤쪽 성문을 빠져나오면, 이천 년의 비감하게 웅장한 모습 삽시에 사라지고, 가난한 촌바닥 싸구려 노점 장터가 줄 서서, 먼지 쌓인 기념품들을 팔고 있었다. 무더기로 몰려오는 호객의 아우성 피해 잠시 혼란해진 내게, 바짝 다가서는 장사치 소년, 피난 시절 신문팔이하던 어린 내가 보였다.

　―유 코리안? 유 자빠니이스?
　　내가 코리안이던가. 그래 내가 코리안이다.
　―컴, 마이 머더 코리안! 마이 머더 코리안!
　　얼결에 따라간 천막 노점상 안
　　늦30대의 초라한 한국 여인이 미리 숙인다.
　―한국 분? ―네.
　―반갑습니다. ―네.
　―여긴 얼마나? ―한 십오 년……
　―이 근처엔 딴 한국 분도? ―혼자……
　―혼자뿐이세요?(이 먼지 속에!) ―네……
　―나도 딴 나라에서 산 지가 20년 넘었어요.

—아, 네. 20년……
 피곤한 당신 눈 속에 쌓인 딴 나라의 먼지.

 근처를 빙빙 도는 터키인 남편에게 눈치보여, 만국기 가슴판에 붙여놓은 싸구려 셔츠 한 뭉치 사고, 득의만면 나를 올려보는 소년에게서도, 뿔피리 몇 개 사주고 황망히 떠날 준비를 한다. 잘사세요. —네, 안녕히 가세요. 터키 땅에까지 와서도 우리들의 인사는 안녕히 가라는 것이구나. 보통이를 들고 관광버스에 올라탄다. 백인들 판에 노란 한 점. 맨발의 소년이 길거리에 서서 손을 흔들어주며 웃는다. 다시 창밖을 본다. 소년은 그새 없어지고 빗방울이 차창을 때리기 시작한다. 혼자뿐이라고? 바보! 혼자…… 문득 무진한 갈대밭이 된 에베소의 성밖으로, 가는 비 맞으며 혼자 걸어가는, 내가 좋아하는 쓸쓸한 하느님.

박 꽃

그날 밤은 보름달이었다.
건넛집 지붕에는 흰 박꽃이
수없이 펼쳐져 피어 있었다.
한밤의 달빛이 푸른 아우라로
박꽃의 주위를 감싸고 있었다.
―박꽃이 저렇게 아름답구나.
―네.
아버지 방 툇마루에 앉아서 나눈 한마디,
얼마나 또 오래 서로 딴생각을 하며
박꽃을 보고 꽃의 나머지 이야기를 들었을까.
―이제 들어가 자려무나.
―네, 아버지.
문득 돌아본 아버지는 눈물을 닦고 계셨다.

오래 잊있던 그 밤이 왜 갑자기 생각났을까.
내 아이들은 박꽃이 무엇인지 한번 보지도 못하고
하나씩 나이 차서 집을 떠났고
그분의 눈물은 이제야 가슴에 절절이 다가와
떨어져 사는 것이 하나 외롭지 않고
내게는 귀하게만 여겨지네.

산행 1

내가 몇 해 전 고국의 산에 들어가니
나라보다 몇 배나 아름다운 들꽃이 흥건히 피어
그 꽃물 내 뱃속까지 번지게 나를 안아주더라.
話頭가 어찌 내리막길의 마지막 표적이 되랴.
산이 물 속에 있고 물이 산속에 또 있으니
오랜만에 찾아간 고국의 산은 아무 몸짓 없이
사람들의 많은 말을 귀담아듣지 말라네.
편안하고 부드러운 산에 내가 더 들어가
그간에 기른 몇 마리 새 지붕 위로 날려보내느니
모든 부끄러움의 어머니, 아득한 목마름의 메아리가
안개 되어 산을 가리고 또 나까지 가려주네.

산행 2

이른 아침에는 나무도 우는구나.
가는 어깨에 손을 얹기도 전에
밤새 모인 이슬로 울어버리는구나.
누가 모든 외로움을 말끔히 씻어주랴.
아직도 잔잔히 떨고 있는 지난날,
잠시 쉬는 자세로 주위를 둘러본다.
앞길을 묻지 않고 떠나온 이번 산행,
정상이 보이지 않는 것 누구 탓을 하랴.
등짐을 다시 추슬러 떠날 준비를 한다.
시야가 온통 젖어 있는 길.

산행 3

오후까지 어둡게 막아놓고 산중에 가는 비 내린다.
한세상 사는 것도 그저 어수룩한 속셈이 좋을까.
짐작할 만하다가 고개 잠시 돌리면 방향도 안 보이고
어느 때는 동행까지 축축하게 젖어서 지워지고 마는
미끄러운 바위, 만만한 틈에서만 다치는 어리석음.
옷 벗은 네 몸 보기는 처음이다.
젖어서 편안해 보인다.
산정에 오르기를 포기하고 계곡을 길삼아 내려온다.
떠나지 못한 바람 몇 개, 숲속에 숨어 낯을 가린다.

게이의 남편

내 친구 지미가 죽었다.
흰둥이 지미는 병원 초음파실 기사실장,
내 논문 문장도 도와주고 볼테르의 철학을 좋아한,
오른쪽 귀에 은 귀고리 당당하게 달고 다니던
동성 연애, 게이, 착하고 똑똑한 호모.

샌프란시스코―호모들의 도시로 쫓겨간 뒤에는
버림받은 에이즈 환자들 위해 헌신한다더니
―죽은 내 친구들이 이 도시를 채웁니다.
　밤이면 애인과 도시 위를 날아다닙니다.
　손가락질 없는 사랑의 자유가 그립습니다.
편지 속에서 시들어 병드는 것을 알았고
병원을 그만둔 것 알았고, 어제 온 장거리 전화.

―나는 지미의 남편이었습니다. 지미가 죽었습니다.
　그곳 있을 때 많이 도와준 것 고마웠다고……
태평양 쪽의 목소리, 지미의 남편? 남자의 남편?
내 목소리는 계면쩍고 저쪽에서는 흐느껴 운다.
우는 것까지 어색하게 들리는 요원한 거리감의 전화,
사십을 겨우 넘기고 죽은 지미의 사랑 노래.
흥얼거리던 곡조가 미국의 저녁에 번지고 있다.

이 세상의 긴 강

1

일찍 내린 저녁 산 그림자 걸어나와
폭 넓은 저문 강을 덮기 시작하면
오래된 강 물결 한결 가늘어지고
강의 이름도 국적도 모두 희미해지는구나.

국적이 불분명한 강가에 자리 마련하고
자주 길을 잃는 내 최근을 불러모아
뒤척이는 물소리 들으며 밤을 지새면
국적이 불분명한 너와 나의 몸도
깊이 모를 이 강의 모든 물에 젖고
아, 사람들이 이렇게 물로 통해 있는 한
우리가 모두 고향 사람인 것을 알겠구나.

마침내 무거운 밤 헤치고 새벽이 스며든다.
수만 개로 반짝이는 눈부신 물의 눈,
강물들 서로 섞여서 몸과 몸을 비벼댄다.
아, 그 물빛, 어디선가 내 젊었을 때 보았던 빛,
그렇게 하나같이 비슷한 방향으로 가는 우리,
길 잃고도 쓰러지지 않는 동행을 알겠구나.

2

　며칠 동안 혼자서 긴 강이 흐르는 기슭에서 지냈다. 티브이도, 라디오도 없었고, 문학도 미술도 음악도 없었다. 있는 것은 모두 살아 있었다. 음악이 물과 바위 사이에 살아 있었고, 풀잎 이슬 만나는 다른 이슬의 입술에 미술이 살고 있었다. 땅바닥을 더듬는 벌레의 촉수에 사는 시, 소설은 그 벌레의 길고 여유 있는 여정에 살고 있었다.

　있는 것은 모두 움직이고 있었다. 물이, 나뭇잎이, 구름이, 새와 작은 동물이 쉬지 않고 움직였고, 빗물이, 밤벌레의 울음이, 낮의 햇빛과 밤의 달빛과 강의 물빛과 그 모든 것의 그림자가 움직이고 있었다. 움직이는 세상이 내 주위에서 나를 밀어내며 내 몸을 움직여주었다. 나는 몸을 송두리째 내어놓고 무성한 나뭇잎의 호흡을 흉내내어 숨쉬기 시작했다.

　마침내 나는 내 살까지도 살아 숨쉬고 있는 것을 알 수 있었다. 숨쉬는 몸이, 불안한 내 머리의 복잡한 명령을 떠나자 편안해지기 시작했다. 어깨가 가벼워지고 눈이 밝아지고, 나무 열매가 거미줄 속에 숨고, 곤충이 깃을 흔들어내는 사랑 노래도 볼 수 있었다. 나는 세상의 모든 것이 하나가 되어 움직이고 있는 것을 드디어 알게 되었다.

  세상의 모든 것은 하나였다. 다를 수가 없었다. 그래서 나는 크고 작은 것의 차이에서 떠나기로 결심했다. 보이는 것과 안 보이는 것의 차이에서 떠나고, 살고 죽는 것의 차이에서 떠나기로 결심했다. 그것은 내게도 어려운 결심이었다. 며칠 후 인적 없는 강기슭을 떠나며 작별 인사를 하자 강은 말없이 내게 다가와 맑고 긴 강물 몇 개를 내 가슴에 넣어주었다. 그래서 나는 강이 되었다.

눈 오는 날의 미사

하늘에 사는 흰옷 입은 하느님과
그 아들의 순한 입김과
내게는 아직도 느껴지다 말다 하는
하느님의 혼까지 함께 섞여서
겨울 아침 한정 없이 눈이 되어 내린다.

그 눈송이 받아 입술을 적신다.
가장 아름다운 모형의 물이
오래 비어 있던 나를 채운다.
사방을 에워싸는 하느님의 체온,
땅에까지 내려오는 겸손한 무너짐,
눈 내리는 아침은 희고 따뜻하다.

자화상

흰색을 많이 쓰는 화가가
겨울 해변에 서 있다.
파도가 씻어버린 화면에
눈처럼 내리는 눈,
어제 내린 눈을 덮어서
어제와 오늘이 내일이 된다.

사랑하고 믿으면, 우리는
모든 구속에서 해방된다.
실패한 짧은 혁명같이
젊은이는 시간 밖으로 걸어나가고
백발이 되어 돌아오는 우리들의 음악,
움직이는 물은 쉽게 얼지 않는다.
그 추위가 키워준 내 신명의 춤사위.

휘닉스 파크로 가는 길

교포 일간지의 현상 모집 시 수백 편을 심사하다가
―고단한 이민의 삶이여, 청과상의 새벽이여,
―국적기를 타고 당당히 고국에 가보고 싶다.
많이는 우울하고 답답하고 순진한 글을 읽다가
머리 무거워 집어든 고국의 문예 잡지, 산뜻한 광고.
―남과 다르게 살고 싶은 삶.
―휘닉스 파크.
―휘닉스 파크는 다릅니다. 스카이 콘도 분양 시작.
―명예와 긍지를 최우선, 남과 다르게 살자.

그랬을까, 나도 한때는 남과 다르게 살고 싶었을까.
머리털부터 발끝까지 서양식으로 분장을 마치고
명예와 긍지를 위해 외국말을 하며 살고 싶었을까.
휘닉스 파크는 서양 신화의 불사조가 사는 공원,
'휴양과 건강을 리후레쉬하는 정적인 장소'라고?
휴양을 어떻게 리후레쉬한다는 거지?
(서울 친구는 '파크'를 작은 호텔의 통칭이라고 했지.
'가든'은 정원이 아니고 불고깃집,
'하우스'는 집이 아니고 온실 재배의 비닐 천막,
오래 밖에서 살다 오면 이런 것 배우기도 재미있겠지.)

휘닉스 파크로 가는 길은 간단하고 어렵게 짐작된다.
6번 국도에서 26km, 장평에서는 14km,
서울과 강릉의 중간쯤인 모양이니 영동고속도로를 타고
어차피 고국에는 차가 넘치니까 고속을 저속으로 몰면서
저 산과 이 산의 저 속과 고 속을 어루만지면서
구경하고 가는 계절이야 늦가을이 최고겠지.
황홀한 단풍 색깔, 그 나무 냄새에 가슴 또 저리는구나.

설사 휘닉스 파크로 가는 길이 늦어져 찬바람 불어도
늦어진 내 귀국을 변명하면서 추위 막을 준비를 해야지.
콘도 분양을 받기보다는 꽃나무 분재나 하나 얻어서
이 겨울은 바람에 펄럭이는 빈 '하우스'에서 날까.
남다르게 살지 말라는 유언이 눈발 되어 날리는 길,
가볍고 순진한 발걸음, 휘닉스 파크로 가는 길.

나무가 있는 풍경

두려워하지 마라. 내가 네 옆에 있다.
흐린 아침 미사중에 들은 한 구절이
창백한 나라에서 내리는 성긴 눈발이 되어
옷깃 여미고 주위를 살피게 하네요.
누구요? 안 보이는 것은 아직도 안 보이고
잎과 열매 다 잃은 백양나무 하나가 울고 있습니다.
먼지 묻은 하느님의 사진을 닦고 있는 나무,
그래도 눈물은 영혼의 부동액이라구요?
눈물이 없으면 우리는 다 얼어버린다구요?
내가 몰입했던 단단한 성문 열리고
울음 그치고 일어서는 백양나무 하나.

폭 설

무엇이 당신을 잠 못 들게 하는가.
깊은 산 속에서 만난 눈사태
앞이 보이지 않게 한정 없이 내리는 꽃잎.
눈 내리는 소리는 침묵보다 조용하다.
온몸에 눈 덮고 잠이 드는 나무들.
아름다운 것은 조용하다.
모든 아름다운 것은 간단하다.

아직 잠들지 못한 나무는 추위를 많이 타는가.
폭설을 핑계삼아 기대고 다가서서
아무도 말리지 못하게 서로를 만지는 나무.
가지가 부러지고 큰 눈꽃 떨어지기 시작한다.
조용한 것이 무서워진다.
저녁이 내리는 우리들이 무서워진다.

봄의 소리
──최춘봉에게

사십 년 가까이 친했던 내 친구
신음하며 앓다가 죽었다.
헐벗고 덧없어서 지쳐버린 일상중
어디서 갑자기 싱글벙글 떠드는 소리,
놀라서 며칠 만에 고개 들어 올려보니
눈부신 목련, 눈부신 내 친구,
온 천지에 무진한 목련이
그 꽃잎을 여는 소리.

알반 베르그의 열매

알반 베르그의 클라리넷이 사방에서
흙먼지 뒤집어쓴 가을 꽃을 목욕시킨다.
오랜 치욕의 손가락질 털어버리고
우리의 구원의 표시가 되어버린
얼굴 붉히는 소아시아의 가을 들꽃.
바오로가 쫓겨나던 구월이나 시월쯤에는
헐벗은 산등성이에 서 있던 바람이
귀 맑은 공기가 되어 들꽃을 안는다.

알반 베르그는 열두 개의 눈을 뜬 매력.
누구는 우주가 자꾸 늘어난다고 하고
스티븐 호킹의 우주는 줄어들고 있다지만
지평선은 아직도 어디에 앉을지 결정하지 못한 채
몇 번씩 변하는 색깔로 열매를 익힌다.
그래서 밤잠을 자주 설치는 목쉰 나무의 노래,
반갑다. 이름없는 나무가 자기 주소를 새긴다.

코스모스로 가는 길

과연 어리석은 자들만
만져지는 것을 믿는가.

우리가 지나온 연옥의 도시들,
다시 깊은 잠 속에 빠져들고
누가 죽음의 기적을 부끄러워하랴.

몸의 부드러움이 우리를 떠난 후에도
신음하며 살아가는 기억 속의 아픔이여,
흔적 없이 완전히 죽는 것은 세상에 없다.

떠나온 꽃밭의 길은 어디였던가,
우리가 찾던 도시는 보이지 않고
달콤한 비가 천천히 주위를 적신다.
정다운 돌이 땀을 흘리며 나온다.

빛 같은, 또는 어두움 같은, 그 중간
어리석은 자들만 땅에 숨어서
보이고 만져지는 것만 믿고 있구나.

갈 대

바람 센 도로변이나 먼 강변에 사는
생각 없는 갈대들은 왜 키가 같을까.
몇 개만 키가 크면 바람에 머리 잘려나가고
몇 개만 작으면 햇살이 없어 말라버리고
죽는 것 쉽게 전염되는 것까지 알고 있는지,
서로 머리 맞대고 같이 자라는 갈대.

긴 갈대는 겸손하게 머리 자주 숙이고
부자도 가난뱅이도 같은 박자로 춤을 춘다.
항간의 나쁜 소문이야 허리 속에 감추고
동서남북 친구들과 같은 키로 키들거리며
서로 잡아주면서 같이 자는 갈대밭,
아, 갈대밭, 같이 늙고 싶은 상쾌한 잔치판.

이오니아의 추억

전쟁으로 폐허가 된 서울에 돌아와서도, 펄럭이는 천막의 가교사에서 바람을 가리며, 나는 이오니아식 건축과 고린도식 건축의 차이점을 외우고 있었다. 그 겨울은 유난히 춥고 메말라서 언젠가는 고급스런 이오니아식으로 집을 짓고, 난방 장치 스팀이 들어오는 가죽 의자에 앉아, 추위의 무서운 팔뚝을 꺾어주리라고 대낮부터 허황한 꿈을 꾸며 어깨를 움츠렸다. (이오니아식 집이라니!)

어릴 적의 배고픔도 이오니아에서 연유했을까. 아버지의 원고료로 며칠마다 사오는 쌀 두 됫박, 그 가벼운 자루 어깨에 메고 진창의 장터를 걸으면서도, 나는 그리스 연안, 이오니아해의 초록색 바다를 보고 있었다. 맛있는 빵과 포도의 축제에 들떠 있는 이오니아해, 눈부신 흰 배를 여유 있게 띄워놓은 이오니아해, 나는 몇 번이나 배고픈 문인이 되지 않겠다고 결심했었다.

반백의 나이가 되어서야 겨우 도착한 이오니아해, 내 어릴 적 꿈같이 바다는 여전히 잔잔하고 물 맑았지만 풍성한 물고기들 다 떠나가버린 빈 둥지의 병든 바다. 이오니아식 기둥까지 때묻고 이빨 빠진 늙은이가 되어 있었다. 그래, 세월이 많이 흘러갔구나. 철없던 나이의 그 결심은 어디에 가버리고 늙고 힘없는 이오니아, 나는 아직도 배가 고파 한세상을 헤맨다.

별, 아직 끝나지 않은 기쁨

　오랫동안 별을 싫어했다. 내가 멀리 떨어져 살고 있기 때문인지 너무나 멀리 있는 현실의 바깥에서, 보였다 안 보였다 하는 안쓰러움이 싫었다. 외로워 보이는 게 싫었다. 그러나 지난 여름 북부 산맥의 높은 한밤에 만난 별들은 밝고 크고 수려했다. 손이 닿길 것같이 가까운 은하수 속에서 편안히 누워 잠자고 있는 맑은 별들의 숨소리도 정다웠다.

　사람만이 얼굴을 들어 하늘의 별을 볼 수 있었던 옛날에는 아무 데서나 별과 이야기를 나눌 수 있었다. 그러나 시간이 빨리 지나가는 요즈음, 사람들은 더 이상 별을 믿지 않고 희망에서도 등을 돌리고 산다. 그 여름 얼마 동안 밤새껏, 착하고 신기한 별밭을 보다가 나는 문득 돌아가신 내 아버지와 죽은 동생의 얼굴을 보고 반가운 이야기를 나누기도 했다.

　사랑하는 이여.
　세상의 모든 모순 위에서 당신을 부른다.
　괴로워하지도 슬퍼하지도 말아라
　순간적이 아닌 인생이 어디에 있겠는가.
　내게도 지난 몇 해는 어렵게 왔다.
　그 어려움과 지친 몸에 의지하여 당신을 보느니
　별이여, 아직 끝나지 않은 애통한 미련이여,

도달하기 어려운 곳에 사는 기쁨을 만나라.
당신의 반응은 하느님의 선물이다.
문을 닫고 불을 끄고
나도 당신의 별을 만진다.

보이는 것을 바라는 것은 희망이 아니므로*

경상도 하회 마을을 방문하러 강둑을 건너고
강진의 초당에서는 고운 물살 안주삼아 한잔 한다는
친구의 편지에 몇 해 동안 입맛만 다시다가
보이는 것을 바라는 것은 희망이 아니므로,
향기 진한 이탈리아 들꽃을 눈에서 지우고
해뜨고 해지는 광활한 고원의 비밀도 지우고
돌침대에서 일어나 길떠나는 작은 성인의 발.
보이는 것을 바라는 것은 희망이 아니므로,
피붙이 같은 새들과 이승의 인연을 오래 나누고
성도 이름도 포기해버린 야산을 다독거린 후
신들린 듯 엇싸엇싸 몸의 모든 문을 열어버린다.
머리 위로는 여러 개의 하늘이 모여 손을 잡는다.
보이는 것을 바라는 것은 희망이 아니므로,
보이지 않는 나라의 숨, 들리지 않는 목소리의 말,
먼 곳 어렵게 헤치고 온 아늑한 시간 속을 가면서.

* 신약, 「로마서」 8: 24.

1997년~1998년

시집 『이슬의 눈』 이후 이제까지 고국의 문예지에 발표한 시들. 환갑이 지나도 나는 좋은 시인이 되어보려고 열심히 쓸 생각이다. 그리고 시간이 나면 새로운 시도도 해보고 싶다.

외할머니

온천장 금정사 밑 우리 외할머니,
마당 끝 치자나무 드문 흰 꽃 옆에
노방 깨끼저고리 맵시 있게 입으시고
낮은 사투리로 나를 찾으시던
외할머니 그 은근한 손짓이 매해
내 어린 여름 방학을 치장해주셨네.
넓게 열린 푸른 별밭의 수박 잔치도
반딧불 어지러워 잠이 오지 않던 밤도
외할머니 신명난 다듬이 소리같이 그립네.
치자 열매 다 익기 전에 서둘러 돌아가시고
해운대 보이는 조그만 산소 가에서
오늘은 외할머니 모시 치마 입으실까
오, 내 부끄러움의 감빛 치자 열매 익는다
여름만 되면 사방에 계시는 외할머니
부끄러운 나 부르시는 목소리 듣네.

파 도

미련한 파도야
이 해변에 깔린 큼직한 바위들
밤낮 네 가슴으로 치고 울어보아야
하얀 피의 포말만 흩어질 뿐인데.
한 삼백 년은 지나고 나야
네 몸 굴리면서 간지러움 즐길
흰 모래사장이라도 되어줄 텐데.
그때가 되면 누가 너를 기억하겠니.
허리 굽어진 채 혼자서 춤출래?
미련한 파도야. 세월 가는 것도 모르고
자꾸만 부서져 없어지면 어쩔래?
　—아프지 않습니다. 사랑은 아프지 않습니다.
　　당신에게 가는 길 편안할 수 없겠지요.
긴 편지를 쓰고 지우고 다시 또 쓰는
멀리서도 쉬지 않는 파도의 손.

가을에 대한 의견

아, 이 어마어마한
하느님의 얼굴 좀 봐.
수억으로 흔들리는 점묘파 그림.
사는 것은 꿈이고
죽는 것은 꿈에서 깨어나는 것이라며
멀리 떠나는 정신나간 나뭇잎까지 —

매일 색깔을 바꾸느라 밤잠 설치는
저 하느님의 얼굴 좀 봐.
그래도 당신은 끝까지 모른다고
멀리 사는 별 하나가 일기를 쓴다.
헤어지지 않는 인연은 없다.
자유롭기 위해서 마지막 숨을 모아
겨울의 외로운 병사를
찾아가는 나뭇잎.

창경궁 편지

지난 가을 나흘 동안 일시 귀국을 했었습니다.
산소에도 못 가고 햇살 넓은 금요일 아침,
40년 만에 정문으로 창경궁에 들어갔었습니다.
입장권 7백 원, 오랜만에 혼자서 걸었습니다.
가슴 메이게 아버님, 당신이 보고 싶었습니다.
정성들여 세우신 그 어린이 헌장비를 찾아서
식물원 쪽을 뒤지다가 결국 찾지 못했습니다.
지난 세월은 너무 긴 시간이라 풀숲에 덮이고
죄송하고 암담해서 어깨 늘어뜨리고 걷는데
산수유, 느릅나무, 말채나무, 산사나무, 황벽나무,
귀룽나무, 때죽나무, 미선나무, 자작나무, 서어나무……
비슷하게 생긴 나무들이 이름표를 달고 줄 서서
오랜만이구나, 반갑다, 오랜만이구나, 반갑다, 하대요.
배고팠던 한국 전쟁중에는 버찌를 따먹으러
저기 창경원 담을 매일 내 집같이 넘나들었지요.
이 나무 숲에는 인민군 고사포 부대가 있었구요.
기억력 좋은 나무들이 금방 나를 알아보더군요.
흐뭇하게 어린 몸이 되어 걸어나오는 반대편
한 떼거리 유니폼 입은 어린이들이 오고 있었어요.
초등학교 일, 이학년쯤일까, 선생님을 따라서
무슨 노래를 신나게 합창하는 소리의 고운 물결,

보셔요, 아름이, 상진이, 누리, 우경이, 또
시내, 은혜, 보람이, 진우와 희원이, 지원이……
아버님, 그 안에서 문득 당신 모습을 보았습니다.
당신이 공기같이, 물방울같이 밝게 떠올랐습니다.
거기 계셨군요, 이 근처 어디 계시리라 믿었었지요.
당신은 살아서 맑은 어린이들 눈동자에 계시고
어린이 헌장비는 창경궁 어디에나 다 있었습니다.
오래 찾아뵙지 못해도 외로워하지 않으신
아버님, 여전히 단정하신 모습이 보기 좋았습니다.

잡담 길들이기 1

세계적 의상 디자이너 베르사체 씨는 그의 호모 애인이었던 젊은 청년 쿠나넌이 쏜 복수의 총에 맞아 죽고, 그 장례식에는 다이애나 비를 비롯한 세계의 명사들이 많이 참석해 죽음을 애도했다는데, 베르사체 씨의 생전을 회상하는 가수 마돈나는 슬픈 목소리로 말했다. ―나는 그의 호화스런 저택에 초대받아 며칠을 묵은 적이 있었다. 창문을 열면 호수가 보이는 방과 집이 어마어마했지만 매일 밤잠을 설쳤다. 내 혼이 멀리 떠나지 못하고 내 주위를 돌면서 불안해했다. 잠은 혼이 여행을 떠나야 비로소 찾아오는 것인데……

잘 가라. 잠들 때면
매일 밤 나를 떠나는 내 혼,
쓸쓸한 밤의 여정에는
멀리 뜬 별들도 섞여 있던가.
내 혼의 친구를 만들어준 그대의 길,
자유로운 동행의 즐거움 부러워하느니
유명하고 이상하고 떠들썩한 혼보다
혼자 있는 혼에게 더 가까이 다가가
침묵의 깊은 숨소리를 기억해다오.
그러나 오늘도 온 마음을 비워두고
혼자서 떠나는 내 혼의 느릿한 발걸음.

잡담 길들이기 2

얼마 전 고고학자들이 흙을 파다 찾아낸 부서진 뼈조각들을 연구하다가, 그것이 30만 년 전쯤 에티오피아의 물가에 살던 최초의 유일한 인간이었고 여자였음을 밝혀내고 루시라는 이름을 붙였는데, 이번에는 지질학자 팀이 남아프리카의 남서쪽 해안가에서, 11만 7천 년 전에 살았던 여자의 발자국을 암반에서 찾아내고 이것이 제일 오래된 인류의 첫 발자국인 것을 증명했다.

루시는 혼자 물가를 걸었다.
작고 큰 물고기와 물장구도 치고
풀잎을 나물삼아 뜯어먹으면서
옛날 아프리카의 해안을 따라
18만 3천 년쯤 걸었다.
꽃물을 짜서 얼굴을 씻고
튼튼한 유방을 햇살로 키워도
무겁고 어두운 밤에는 소리 죽여 흐느끼고
비, 바람, 천둥에는 벗은 몸을 떨었다.
그 흐느낌과 떨림이 유전 인자로 남았다.
1미터 58의 키와 작은 손과 발로
아프리카 땅이 끝나는 물 속에서 드디어
루시는 남자를 만났다.
또 11만 7천 년쯤이 지나갔다.
나도 물가를 거니는 내 루시를 만났다.

1997년~1998년

잡담 길들이기 3

여자의 젖꼭지는 젖먹이 아기들의 명줄이지만, 남자의 젖꼭지는 무슨 소용일까. 쓸데없는 남자의 젖꼭지는 염색체의 결함 때문이라는군. 인간이 처음 수태되었을 때는 모두가 여자라는 거야. 수태 후 몇 주일이 지나서 갑자기 중간에 남성이 된다는 거지. 그 후의 아홉 달은 호르몬이 남자를 완성시키지만, 처음 있던 젖꼭지는 다 지우지 못하고—

여자가 남자가 되었다구?
우리 사이에 있는 손과 입,
여자와 남자의 얼굴이 웃고
두 얼굴이 하나가 되어
피카소의 그림처럼 예쁘다.
반쯤 비어 있는 사람이 예쁘다.
다리와 다리가 껴안고
둥근 피부와 굴곡의 피부가 섞인다.
남자는 처음부터 결함이 있었다구?

그레고리안 성가 1

새벽부터 장대비 내리는 휴일,
오래 계획했던 일 취소하고
한나절 그레고리안 성가를 듣는다.
장엄하고 아름다워야 할 합창이
오늘은 슬프고 애절하게만 들린다.
창문을 열면 무거운 풍경의 빗속으로
억울하게 참고 살았던 혼들이 떠나고
그 몸들 다 젖은 채 초라하게 고개 숙인다.
그래서 사랑하는 이여, 이제 포기하겠다,
당신이 떠나는 길이 무슨 인연이라고 해도
라틴어로도, 또는 어느 나라 말로도 거듭
용서해달라는 노랫말이 아프기만 하다.

그레고리안 성가 2

저기 날아가는 나뭇잎에게 물어보아라,
공중에 서 있는 저 바람에게 물어보아라,
저녁의 해변가에는 한 사람도 없었다.
갈매기 몇 마리, 울다가 찾다가 어디 숨고
생각에 잠긴 구름이 살 색깔을 바꾸고
혼자 살던 바다가 부끄러워 얼굴을 붉혔다.

해변에 가서 그레고리안 성가를 듣는다.
파이프 오르간의 젖은 고백이 귀를 채운다.
상처를 아물게 하는 짜가운 아멘의 바다,
밀물결이 또 해안의 살결을 쓰다듬었다.
나도 낮은 파도가 되어 당신에게 다가갔다.
시간이 멈추고 석양이 푸근하게 가라앉았다.
입다문 해안이 잔잔한 꿈을 꾸기 시작했다.
나도 떠도는 내 운명을 원망하지 않기로 했다.

그레고리안 성가 3

중세기의 낡고 어두운 수도원에서 듣던
그 많은 총각들의 화음의 기도가
높은 천장을 열고 하늘을 만든다.
하늘 속에 몇 송이 연한 꽃을 피운다.
아름다운 것은 언제나 멀고 하염없었다.
전생의 기억을 이끌고 긴 차표를 끊는다.
번잡하고 시끄러운 도심을 빠져나와
빈 강촌의 햇살 눈부신 둑길을 지난다.
미루나무가 춤추고 벌레들이 작게 웃는다.
세상을 채우는 따뜻한 기적의 하루,
얼굴 화끈거리며 지상의 큰 눈물을 본다.

부활절 전후

섬진강 가의 매화라든가
고창 선운사의 동백꽃잎이
지천의 수선화나 히아신스보다
내게는 더 곱고 더 그리웁기야 하지만
사순절 동안에 죽은 동생의 혼이
여기까지 찾아와 글썽이는 요즈음,
『뉴스위크』잡지는 화려한 단장으로
'과연 부활을 믿을 수 있는가' 한다.

믿을 수 있는가, 매끄럽고 빠른 세월아,
부활절 며칠 전에는 함박눈 내리고
따뜻하고 어두운 땅 밑의 뿌리는
마음 급히 얼굴 내미는 나뭇잎을 향해
물 몇 방울 길어올리는 멀고 예민한 길,
그 길 따라서 높이 올라가는 것은?
매화나 동백이나 수선화나 히아신스까지
모두 한마음으로 가는 목을 씻어가며
부활의 구석구석에서 깔깔 웃고 있구나.

메아리

작은 호수가 노래하는 거
너 들어봤니.
피곤한 마음은 그냥 더 잠자게 하고
새벽 숲의 풀처럼 귀기울이면
진한 안개 속에 몸을 숨긴 채
물이 노래하는 거 들어봤니?
긴 피리 소리 같기도 하고
첼로 소리인지 아코디언인지,
멀리서 오는 밝고 얇은 소리에
새벽 안개가 천천히 일어나
잠 깨라고 수면에서 흔들거린다.
아, 안개가 일어나 춤을 춘다.
사람 같은 형상으로 춤을 추면서
안개가 안개를 걷으며 웃는다.
온 아침이 한꺼번에 일어난다.
우리를 껴안는
눈부신 물의 메아리.

나그네

불란서 국민이 된 체코 사람이 불어로 쓴 소설을 영어로 번역한 책으로 읽으며, 1777년 이름도 확실치 않은 한 남자와 한 여자가 하루 사이에 벌인 정사의 장면에서, 옷을 빨리 벗기가 힘들었다는 그 시대의 사랑 만들기를 읽다가—5월 하순의 보스턴, 매사추세츠의 야외 카페에는 봄 햇살이 많이 섞여 있는 코렐리의 음악이, 커피와 과자를 점심 삼아 먹고 있는 내 게으름을 쓰다듬어주었다.

요즈음에는 그대 눈동자가 보이지 않는다.
가까이 다가가도 보이지 않는다.
어두운 곳에서는 커지고
밝은 데서는 작아지는
둘러싼 미소도 보이지 않는다.
장미의 뼈가 고개를 숙인 채
차가운 변장의 가시를 키우고
옛날 사람같이 무거운 이론으로
외로운 날들은 시작된다.
체코 사람이건 한국 사람이건
사람들은 자라면 모두 떠난다.
생음악같이 한 소절씩 흩어지면서
무대보다 더 춥고 먼 길을 떠난다.

첫날밤

일시 귀국을 마치고 돌아온 첫날밤,
지구 반바퀴의 시차 때문이었겠지만
새벽 세시에 잠이 깨었다.
밖에는 늦봄의 빗소리 들리고
다시 잠들지 못하는 몇 시간,
밤이 어둡고 무겁게 나를 짓눌렀다.
내일 당장 돌아가서 살고 싶다는,
이제는 그만 끝내고 싶다는,
늙어가는 내 희망을 짓눌렀다.
그랬었다, 내가 처음 외국에 도착했던
삼십 년 전 밤에도 비가 왔었다.
사정 없는 외국의 폭우가 무서워
젊은 서글픔들이 오금도 펴보지 못하고
어두운 진창 속에 던져 버려졌었다.
그렇게 비가 내리고 있었나.
당신을 포기하던 첫날밤에도
나는 갈 길을 찾지 못하고 술을 마셨다.
시간이 타고 있는 불 속에 뛰어들어야
내 불을 끌 수 있으리라 믿고 있었다.
화상의 상처를 다 가릴 수는 없었지만
이제는 맨 마지막 장을 뒤집어야 할 때,

푸르던 희망은 창문 밖으로 날아가고
시차를 넘어서는 한 사내의 행방을 찾아서—

들꽃의 묵시록

1

일 년 만에 사도 요한이
깊은 바위 동굴에서 나온다.
에게 해협의 파트모스 돌섬,
햇살은 예년같이 따뜻하다.

너무 늙어 앞이 잘 보이지 않는다.
받아놓은 빗물을 한 잔 마시고
서로 사랑하라고 손을 흔든다.
예수가 죽은 지도 오래되었는데
돌길을 천천히 걸어가면서
흩날리는 저 백발은 무슨 뜻인가.

2

요한이 풍랑의 목선에 띄워보낸
일곱 교회에 보낸 편지가 도착했다.
오랜 바닷길을 흘러온 말의 그림자,
벌칙과 순서와 가설에 찢겨진 채

사랑과 고통의 진심이 보이지 않는다.
파도 높은 수평선도 잘 보이지 않는다.

3

신약의 묵시록을 썼다는 요한의 동굴,
물 한 잔 돌상 위에 얹어놓은 채
희랍 정교의 젊은 신부가 졸고 앉았다.
검고 긴 모자를 눌러쓴 해맑은 얼굴에
어려운 꿈의 幻視가 간단하게 그려 있다.
돌층계 수십 개 딛고 굴 밖으로 나오니
섬에 사는 바람이 얼굴을 씻어주고
바람 속에 모여 있는 들꽃들이 몰려와
서로 사랑하라고 목소리 죽여 속삭인다.
파도 소리 때문에 꼭 누구의 말이었는지
내 두 다리 떨게 하던 그 목소리의 하늘,
진하고 눈물겨운 들꽃만 흔들리고 있었다.

상 처

1

내가 어느덧
늙은이의 나이가 되어
사랑스러운 것이 그냥
사랑스럽게 보이고
우스운 것이 거침없이
우습게 보이네.

젊었던 나이의 나여.
사고무친한 늙은 나를
초라하게 쳐다보는 젊은이여,
세상의 모든 일은 언제나
내 가슴에는 뼈근하게 왔다.
감동의 맥박은 쉽게 널뛰고
어디에서도 오래 쉴 자리를
편히 구할 수가 없었다.

2

그렇다. 젊었던 나이의 나여,
평생 도망가지 못하고 막혀 있는
하느님의 눈물 한 방울,
멀리 누워 있는 저 호수도
가엾게 나이를 먹어가고 있다.
오래 짓누르던 세월의 불면증을
몇 번이나 호수에 던져버린다.
불면증 물려받은 호수가
머리까지 온몸이 젖은 채로
잠시 눈을 뜨고 몸을 흔든다.
연한 속살은 바람에 씻겨
호수의 살결이 틈틈이 트고
가는 다리까지 떨고 있다.

3

어디였지? 내가 어느덧
늙은이의 나이가 다 되어

호수도, 바람도, 다리도
대충 냄새로만 기억이 날 뿐,
아무도 없는 곳에서 가끔
귓속의 환청의 아우성.
아무도 우리를 말릴 수 없다는
상처의 나이의 아우성.

바다의 집

1

바다의 눈물이 밤에도 보인다.
한세월 떠돌다가 돌아온 후에
내가 들었던 가늘고 낮은 한마디,
밤잠 설치는 바다의 뒤척임이
그 소리 끝에 만드는 빛,
해안의 모래가 더 부드럽고 따뜻해
보이지 않는 어두운 살 속을 헤맨다.
오래된 언덕이 낮아지고
죄 없는 손이 용서받는다.

2

생각에 잠긴 늦은 아침나절,
벗은 몸을 반쯤 가리고 누운
바다의 나신을 껴안고 싶다.
화가 듀피의 아네모네같이 가볍게
돛단배보다 큰 나비가
바다보다 큰 꽃잎에 앉는다.

나비의 무게로 출렁거리는 바다의 집,
바다 비린내 몇 개 증발해서
장난감 같은 구름을 하늘에 남긴다.

3

오늘은 여느 날보다
수평선이 더 굵어졌다.
바다의 뒤뜰에서는
비가 내리는 모양이지.
편안하던 물결이 해안에만 오면
왜 그리 힘들여 목숨을 놓아버리는가.
바다도 기억력이 좋다는
부서진 물의 작은 변명,
낯선 풍경 속에서
낯익은 당신이 보인다.

제목 색인

ㄱ

가야금 / 35
가을 노래 / 39
가을 산 / 442
가을 敍景 / 166
가을 水力學 / 281
가을에 대한 의견 / 471
갈 대 / 462
갈대의 피 / 327
강원도의 돌 / 306
강토의 바람 / 285
개구리 / 210
게이의 남편 / 449
겨울 기도 1 / 345
겨울 기도 2 / 346
겨울 노래 / 394
겨울 망중한 / 178
겨울 약속 / 205
겨울 이야기 1 / 75
겨울 이야기 3 / 130
겨울 이야기 4 / 131

겨울에 그린 그림 / 46
經學院 자리 / 224
고아의 정의 / 278
과수원에서 / 439
구름을 네게 주면서 / 179
권총을 사들고 / 255
그 나라 하늘빛 / 387
그 여자의 음악 / 262
그 후의 강 / 297
그레고리안 성가 1 / 477
그레고리안 성가 2 / 478
그레고리안 성가 3 / 479
그리고 평화한 시대가 / 146
그리운 무용 / 294
그림 그리기 / 199
그림 그리기 / 402
그림 그리기 2 / 244
그림 그리기 4 / 302
그림 그리기 5 / 329
그해의 시월 / 237
기　도 / 296
기억의 하늘 / 31
길 / 437
꽃의 이유 / 194
꽃의 이유 / 304
꽃의 이유 2 / 201
꽃잎을 여는 시간에는 / 105

ㄴ

나그네 / 482
나도 꽃으로 서서 / 23
나무가 있는 풍경 / 457
나비의 꿈 / 206
낚시질 / 225
蘭 / 301
남미식 겨울 / 274
내 동생의 손 / 432
내 심장에서 당신의 메아리까지 / 167
내 아버지는 / 37
내가 만약 시인이 된다면 / 239
눈 오는 날의 미사 / 453
눈의 소나타 / 36
늦가을 바다 / 337

ㄷ

다도해 인상 / 41
다리 위의 풍경 / 382
다섯 개의 변주 / 58
다시 만나기 / 322
담쟁이꽃 / 395
당신의 하느님 / 413
대　답 / 99
독　방 / 88
돌 / 25

동생을 위한 弔詩 / 420
두 개의 일상 / 126
들꽃의 묵시록 / 485
떠다니는 노래 / 348

ㄹ

루오의 원화 / 95

ㅁ

만선의 돌 / 240
亡者의 섬 / 282
메아리 / 481
며루치는 국물만 내고 끝장인가 / 313
몇 개의 허영 / 208
목욕탕에서 / 134
묘시에서 / 430
무너지는 새 / 338
무반주 소나타 1 / 163
무반주 소나타 2 / 164
무서운 바람 / 409
무용 1 / 100
무용 2 / 128
무용 5 / 202
무용 8 / 344
물빛 1 / 355
물빛 2 / 356
물빛 6 / 401

미술관에서 / 162
미스터 제임스 밀러에게 / 136

ㅂ

바　다 / 48
바다의 얼굴 / 319
바다의 집 / 490
바람의 말 / 204
박　꽃 / 445
밤 노래 1 / 288
밤 노래 2 / 290
밤 노래 3 / 291
밤 노래 4 / 292
밤 노래 5 / 320
밤 노래 6 / 363
밤 운전 / 156
밤의 사중주 / 340
방 1 / 375
방 2 / 376
방문객 / 393
변　명 / 336
변경의 꽃 / 180
별, 아직 끝나지 않은 기쁨 / 464
病後의 루마니아 / 191
보이는 것을 바라는 것은 희망이 아니므로 / 466
봄의 소리 / 459
부활절 전후 / 480

북　해 / 386
불면의 시절 / 165
불지 않는 바람 / 168
비 오는 날 / 343
비 오는 날의 귀향 / 190
비망록 1 / 64
비망록 2 / 66
비망록 3 / 76
비밀 1 / 173
비밀 2 / 174
비밀 3 / 175
빈센트의 추억 / 349
빙하 시대의 불 / 212

ㅅ

산 안에 또 산이 / 342
산행 1 / 446
산행 2 / 447
산행 3 / 448
상　처 / 481
새 / 266
새로운 소리를 찾아서 / 214
새벽 산책 / 328
새의 초상 / 436
서울 가로수 / 379
善終 이후 1 / 138
善終 이후 2 / 140

善終 이후 3 / 142
善終 이후 4 / 222
善終 이후 5 / 159
善終 이후 6 / 269
설　경 / 123
섬 / 403
성년의 비밀 / 200
성벽을 뚫고 / 254
聖灰 수요일 / 310
세 개의 인상 / 54
水　葬 / 272
수요일의 시 / 219
스칸디나비아의 음악 / 312
스페인의 비 / 293
시인의 방 / 77
시인의 용도 1 / 256
시인의 용도 2 / 258
쓸쓸한 물 / 259

ㅇ

아내의 잠 / 309
아시시의 감나무 / 372
아침 면도를 하며 / 407
아침 출근 / 154
아테네의 개 / 441
아프리카의 갈대 / 270
안 보이는 사랑의 나라 / 230

알반 베르그의 열매 / 460
약　속 / 189
어느 도시에서 / 98
여름 편지 / 358
연가 4 / 50
연가 5 / 51
연가 6 / 52
연가 8 / 53
연가 9 / 78
연가 10 / 80
연가 11 / 82
연가 13 / 85
연가 14 / 86
영희네 집 / 377
오늘의 패자 / 193
옷 벗는 나무 / 307
외국어 詩 / 280
외로운 아들 / 315
외지의 새 / 182
외할머니 / 469
요즈음의 건강법 / 333
우리나라의 등대 / 314
우리들의 배경 / 238
우화의 강 1 / 360
우화의 강 2 / 361
유리의 도시 / 188
6월의 형식 / 93

유태인의 목관 악기 / 223
은　하 / 30
음악회 / 143
음악회 2 / 217
음악회 3 / 218
응　시 / 145
의사 수업 / 97
의사 호세 리잘의 증언 / 286
이 세상의 긴 강 / 450
이상한 고별사 / 90
이슬의 눈 / 396
이오니아의 추억 / 463
인　사 / 117
日記, 넋놓고 살기 / 366
일상의 귀국 / 226
일상의 외국 2 / 248
일상의 외국 3 / 249
일시 귀국 / 160
일시 귀국 / 305
임　종 / 63
임신한 모기만 사람의 피를 빤다 / 411

ㅈ

자유의 피 / 276
자유주의자 / 326
자화상 / 454
작곡가의 이상한 시도 / 184

잡담 길들이기 1 / 474
잡담 길들이기 2 / 475
잡담 길들이기 3 / 476
장난감 / 124
장님의 눈 / 153
저녁 들길에서 / 34
전　축 / 116
전　화 / 172
정신과 병동 / 43
정신과 병동 2 / 155
제3강의실 / 68
조용한 기도 / 32
죽은 나무를 노래함 / 271
중년의 안개 / 260
중년의 질병 / 331
중산층 가정 / 221
중앙 아프리카의 가을 / 308
쥐에 대한 우화 / 246
즐겨 듣던 음악이 / 220
證例 1 / 101
證例 2 / 102
證例 3 / 103
證例 4 / 110
證例 5 / 112
證例 6 / 114

ㅊ

차고 뜨겁고 어두운 것 / 418
창경궁 편지 / 472
책　장 / 125
1975년 2월 / 176
첫날밤 / 483
첼리스트 1 / 151
첼리스트 2 / 152
초겨울 주변 / 45
충청도 구름 / 323

ㅋ

코스모스로 가는 길 / 461

ㅌ

태평양 / 92
토요일 밤 / 115
통계학 / 96

ㅍ

파　도 / 470
패터슨 시의 몰락 / 415
편지 2 / 119
편지 3 / 121
폭　설 / 458
폴란드 바웬사 아저씨 / 253
풀　꽃 / 132

풍경화 / 242
프라하의 생선국 / 229
피의 생리학 / 245

ㅎ
하느님 공부 / 267
하품은 전염된다 / 405
한　강 / 263
항구에서 / 365
해변의 바람 / 398
해부학 교실 1 / 27
해부학 교실 2 / 28
허술하고 짧은 탄식 / 433
혼　자 / 443
확　답 / 243
후　문 / 109
휘닉스 파크로 가는 길 / 455